I0840038

HASTA QUE

TE ENCONTRÉ

Guía de referencia para el proceso
de despertar de la conciencia

oiSuki

Editorial: Amazon. 2021

Primera edición (Colombia): abril de 2021, Cali

Correctora de estilo: Mónica Saa Roatta

1ª Revisión: Carolina Loaiza Gutiérrez, enero 2022.

Índice

PREFACIO

Cuando vemos el título de un libro siempre nos preguntamos de qué se trata. Este libro se podría catalogar en las áreas de superación personal, esotérico o de espiritualidad laica. Encaja en cualquiera de ellas. Aunque suene un poco ambiguo, algunos podrían pensar que se refiere a una búsqueda exterior, de una persona o cosa, y otros que se trata de una indagación interior, la de tu propio SER. A esta conclusión llegué; porque cuando comenté a alguien cercano que estaba escribiendo un libro; al decirle el nombre, ella me dijo: *"tú recuerdas que cuando yo te encontré, mi caminar se orientó"*. Cuando leas el libro, le podrás dar el sentido que más se adapte a tu parecer, pero lo que me interesa es el resultado que pueda lograr en cada una de las personas que lo lea.

En el libro cuento mis experiencias, mi proceso espiritual y el sentido encontrado de la vida en este caminar. Mientras avanzo, entiendo que el trabajo espiritual que venimos hacer en la tierra, no termina. El Universo nos va mostrando cuáles son las tareas que tenemos que realizar para avanzar. Si nos resistimos a esos aprendizajes, nos toca repetir las situaciones. Tenemos que soltar y fluir. Encontrarnos con nuestro SER, es el principal propósito. El TENER, es solo el resultado que llega cuando conviertes tu destino en misión.

Este libro no es ninguna canalización, pero a través de mensajes de seres espirituales, tomé la decisión de escribirlo; enseñando desde mi experiencia de vida. No me considero ningún ser iluminado, solo un ser despierto que quiere avanzar y realizar cambios.

Todos venimos a esta tierra a cumplir un destino, a lograr la mayor comprensión, para hacernos conscientes del para qué estamos en este mundo. Al final descubriremos que todos podemos tener una conexión estrecha con nuestro YO Superior. El trabajo consiste en activarla; volver a ser uno con Dios, Padre-Madre, Universo, Absoluto, Vacío, Todo o Nada, o como lo queramos llamar. El nombre es lo de menos, es el mismo para todos.

Espero que este libro sea una herramienta de orientación, o inspiración para aquellas personas que han empezado su proceso de despertar de conciencia, y se sientan perdidos. No existe un manual o instructivo, ni certificaciones o títulos que validen nuestros conocimientos. Solo a través de nuestras experiencias de vida, es que podemos reconocer nuestros avances.

El proceso de despertar, es individual. Nadie lo puede hacer por nosotros. No podemos pasar a medias. Si algo no se aprende correctamente, se repite las veces que sea necesario, tenemos toda la eternidad para hacerlo. En el Universo el tiempo no existe.

De joven tenía mucha imaginación, mi mente se podía recrear en mundos fantásticos con unas historias increíbles, pero la cultura me limitaba, me tocó olvidarme de todo eso, porque me consideraban loco. Ahora sé que no lo estoy, solo que me salgo de lo convencional y de los patrones de comportamiento validados por la sociedad. Como decía el gran maestro Gerardo Schmedling Torres: *"No me crean nada de lo que les digo, compruébenlo ustedes mismos, para que puedan acabar con tantas creencias"*.

Para que puedan entender un poco mi proceso de despertar de conciencia, inicio con una pequeña descripción de lo que fue mi vida, de cómo llegue a "completar"; los objetivos que la sociedad me impuso. Me comporté como una persona normal. Fui el perfecto resultado de la cultura y la sociedad de consumo en la que vivimos, solo eso. Posteriormente, hago una descripción del proceso de mi búsqueda. En la narración podrán notar cómo se van dando una cantidad de sincronicidades, que me fueron orientando a través de este proceso.

Sí, estás leyendo este libro, no es por casualidad; eso no existe. Es porque en él, puedes encontrar la información o la respuesta a algo que necesitas. No es una verdad absoluta; es lo que he ido descubriendo, y me ha servido para tener una mejor calidad de vida. Sé que mi historia puede ser la de muchos otros, y de alguna forma, se sentirán reflejados en ella.

Cuando empiezas a cambiar tu vibración, comienzas a atraer y a conocer personas que vibran como tú. Muchas veces tienen el mismo tipo de trabajo espiritual a realizar. Espero que esta información, les ayude a saber un poco más de cada práctica o proceso, desde la visión de un ingeniero. No soy un experto, solo soy un buscador, y entendí que mi labor era ayudar a otros a encontrar su camino.

Solo soy una luz o un faro en tu camino.

MI HISTORIA DE VIDA

MIS INICIOS, UN RESUMEN DE MI VIDA

Nací en Cali, Colombia, en una familia con un buen nivel socioeconómico, sin carencias y con muchas comodidades. Mis padres fueron unos seres generosos y bondadosos que siempre se esmeraban por darnos lo mejor, tanto a mí, como a mis hermanos. Tuve la oportunidad y el regalo maravilloso de llegar a la vida con un hermano gemelo. Crecí en un hogar sin maltratos, sin dramas; como se suele decir, con un buen karma. Estuve rodeado de mucha gente; con cinco tíos, por el lado de mi padre y diez por el lado de mi madre. Mis hermanos y yo tuvimos una infancia muy feliz, al lado de personas amorosas que siempre nos daban lo que pedíamos; con la intención de que no nos fuéramos a "frustrar".

Fuimos niños muy inquietos y por sobrenombre nos pusieron la "plaga", porque teníamos la capacidad de destruir todo lo que pasará por nuestras manos. El decir de la familia era que *dejábamos un balín en forma cuadrada*, que acabábamos con todo; hasta con el nido de la perra. Pero igual nos querían y éramos los niños de sus ojos. Existen muchas anécdotas y experiencias de vida con mi hermano gemelo que les podría contar, pero eso sería tema para otro libro.

El Rinconcito Infantil, fue el lugar donde realizamos los estudios de pre-kínder y kínder. Al cambiarnos de barrio entramos a estudiar al colegio Miguel Camacho Perea, que quedaba cerca de donde vivíamos. Estudiamos los tres primeros años de primaria, después ingresamos al colegio Lacordaire de padres Dominicos.

En el año 1980 mis hermanos y yo perdimos el mismo año, tercero de bachillerato. Perder ese año nos causó muchas frustraciones y además fuimos el comentario de todo el colegio, por haber perdido los tres, ese año lectivo. Mi hermano gemelo y yo seguimos estudiando en el mismo colegio. En el caso de mi hermano mayor fue diferente, como era el segundo año que perdía, decidieron cambiarlo de colegio y terminaría su bachillerato en el colegio Miguel Camacho Perea. En ese tiempo lo más importante era obtener buenos resultados en las pruebas del Estado, (ICFES), porque eso facilitaba la entrada a la universidad. Mi hermano mayor, sacaría el mayor puntaje de los tres y eso que nosotros, los gemelos, estábamos en un "mejor" colegio.

La historia que les estoy relatando, tiene que ver con mis experiencias y los aprendizajes que fueron necesarios para el desarrollo de mi personalidad y ego, que hacen parte del trabajo espiritual que vine a realizar en esta vida. Ese despertar comienza con las primeras lecturas que hice en la época de bachillerato. Recuerdo que en alguna oportunidad leí el libro, *Principios de la metafísica*, de la escritora Connie Méndez, al comienzo no comprendía nada de lo que decía sus teorías, era difícil de entenderlo. Me acuerdo de algunas enseñanzas como el respeto por la naturaleza, a los animales, árboles, ríos, montañas e insectos, es decir, por todos los seres vivos. Al comienzo fue difícil asimilarlo, pero era porque no tenía el nivel de conciencia que ahora tengo. Los libros de esoterismo eran de mi padre, quien heredó de su madre los gustos por aquellos temas. Recuerdo que mi abuela fue una fiel seguidora de Regina 11. Una señora cuyo símbolo político era una escoba. Fue un personaje bien pintoresco y muy particular que hacía parte del zoológico de políticos de nuestro país.

Al culminar mi último año de bachillerato, en junio de 1985; llegaron las amigas, las novias y los fracasos. Empecé las pruebas que tenía que atravesar en esta encarnación; respecto al trabajo en las relaciones de pareja.

LA ELECCIÓN DE LA CARRERA

Cuando me gradué de bachillerato, escogí presentarme a la universidad privada y no a la pública como lo habían hecho mis hermanos. Los resultados que obtuve en las pruebas del Estado, ICFES, me permitían ingresar a estudiar Ingeniería de Sistemas; solo realizando una entrevista. Era una carrera nueva en esa época y algo costosa para mis padres; por ese motivo no pude ingresar a estudiar como quería. En cambio mis hermanos si tuvieron la oportunidad, ya que el semestre en la universidad pública, eran más asequibles.

Por no haber entrado a la universidad, empecé a trabajar como vendedor en una papelería, ubicada en el Centro Comercial del Norte; considerado como uno de los más distinguidos en esa época, era la temporada escolar del año 1985. Cuando terminó la temporada, me ofrecieron seguir con ellos, pero no me imaginaba toda la vida trabajando como un vendedor. Es allí donde empecé a enfrentarme con mi ego, quien me decía al oído "eso es muy poco para ti", y eso me hacía pensar que estaba destinado para cosas más grandes.

Al poco tiempo, un hermano de mi padre, quien comercializaba repuestos industriales, me daría trabajo. La oficina era en la casa de mi abuela y aunque me habían contratado como mensajero, me tocaba hacer de todo.

Para el siguiente semestre académico, enero de 1986, me presenté a otra universidad privada y me fue muy bien en los exámenes, empezaría la carrera en Ingeniería Mecánica, en el horario nocturno, esto representaba un año más de estudio. El costo del semestre en esta universidad era más módico. En el primer semestre mis padres me ayudaron a pagar, el resto de la carrera la pagué con mis ingresos.

Comencé hacerme cargo de mis gastos y asumir los costos de mi vida; aunque seguía viviendo en casa de mis padres; eso me daba una ventaja, lo que me ganaba era para mis necesidades, como viajes, rumba, ropa y otros gustos; compraba ropa de marca, (Pepe, Gotcha, Op, Polo, entre otros), era socio del deportivo Cali y solo iba a la mejor tribuna del estadio, tenía abonos en la plaza de toros; en esa época me gustaban los toros, pero más por el estatus que te daba el poder invitar alguna amiga y acomodarse en un buen tendido. Un lujo que no todos se podían dar.

Mantener un estatus de solvencia, era muy importante en esa etapa de mi vida, era parte de esa sociedad de consumo. «¿Cuánto tienes? ¡Cuánto vales!», las palabras que representaban la cultura "plástica" de ese momento. Me dejé sumergir por esa forma de vida tan vacía y banal.

La carrera universitaria la terminé en abril de 1997, me demoré algunos años más de los estimados, primero por rebeldía o por el ímpetu de la juventud. Siempre quería tener la razón y luchaba contra el sistema. Creía que yo era tan importante, que el mundo estaba en mi contra. Vuelve hacerme una mala jugada el ego. En octubre de 1986 me cancelaron el segundo semestre de mi carrera por un error en la matrícula, así que el año 1987 estuve por fuera de la universidad. El reintegro fue muy difícil, me resistía a volver a estudiar, lo haría en enero de 1988.

Tuve la fortuna de trabajar en muchas compañías, en negocios totalmente diferentes los unos, de los otros. Cada dos años cambiaba de trabajo, me consideraba un "Millenials" adelantado para mi época. Después de haber trabajado con el hermano de mi padre, empecé a trabajar en el sistema financiero, propiamente en bancos, donde inicié como auxiliar de archivo y llegué hasta un cargo importante, cajero principal en poco tiempo.

Me retiré de los bancos porque no estaba acorde con lo que estaba estudiando, hice mis primeros pinitos como Ingeniero Mecánico, en pequeños montajes industriales. Regrese a la banca, pero mi ego seguía haciendo sus estragos, me volví a retirar de la banca porque me parecía injusto el trato que recibía por parte de la compañía en la que trabajaba, me había vuelto un inconforme con el medio.

Esa rebeldía tuvo sus frutos, y así estuve casi ocho meses sin trabajar, y como ironías de la vida, fue mi mejor semestre en la universidad porque tenía más tiempo libre. Fue gratificante reconocer que no era mal estudiante; solo que me faltaba más dedicación y el tiempo era limitado cuando estaba trabajando. Siempre estudiaba de diez de la noche a una de la mañana y los fines de semana.

Para principios de los 90 empezaría a desarrollar mi mayor vocación, la implementación de nuevos proyectos y el desarrollo de procesos eficientes y efectivos, buscando la reducción de costos; esto era posible gracias a los aprendizajes que había ido adquiriendo a través de los años, y a las diferentes tareas que había realizado. Solo ahora lo puedo reconocer.

A principios de 1994, encontré un trabajo en una compañía de seguros; era un empleo tercerizado, es decir, que no estaba contratado directamente con la empresa para la que trabajaba. Tuve la oportunidad de contar con un excelente amigo y jefe en la compañía de seguros; pero la relación con la persona que me contrato no fue en los mismos términos. Los problemas se presentaban porque él no me permitía exigir calidad en los trabajos de reparación de vehículos que realizaba su compañía para la aseguradora. Esa actitud me coartaba, yo no era partidario de la mediocridad. Así que renuncie y me fui a trabajar en un taller autorizado de vehículos coreanos.

En esta nueva empresa la situación era diferente. El dueño, que era mi jefe, siempre me apoyaba y confiaba en lo que yo hacía. Por eso le tengo una inmensa gratitud. Me dejaba realizar libremente las funciones que me correspondían y me pagaba adicionalmente comisiones por la venta de repuestos. Con esa entrada extra y con un carro que vendí, pude reunir el dinero para lograr uno de mis grandes sueños, irme a Estados Unidos.

Uno de los recuerdos que tengo presente durante la instancia en esta empresa, fue que una de mis clientes, me recomendó un libro, que según su criterio, era muy bueno, *Las siete leyes espirituales del éxito*, de Deepak Chopra. Seguí su consejo, mi alma necesitaba encontrar respuestas a preguntas que rondaban la cabeza, y se relacionaban con el éxito en mi carrera. A medida que lo iba leyendo, empezó a sucederme lo mismo que con el libro de metafísica de Conny Méndez, no entendía nada y la información me parecía muy extraña.

UN AÑO SABÁTICO

Cuando tenía 18 años, uno de mis sueños era irme de intercambio a los Estados Unidos a estudiar inglés. Pero mis padres, por su situación económica, les quedaba difícil ayudarme. Con lo que había ahorrado, en mi último trabajo, ya tenía el dinero suficiente para partir en busca de lo que tanto había deseado; así fue, como renuncié al trabajo en el taller, y en mayo de 1997 empecé a estudiar, en un programa llamado *English Language & Orientation program* (ELOP), en una excelente universidad en los Estados Unidos. Louisiana State University (LSU), ubicada en la ciudad de Baton Rouge, la capital del estado de Louisiana.

Vivía muy cerca de la famosa ciudad de New Orleans, que era muy conocida por su multicultural historia; y en los últimos años por la ola de destrucción que dejo el Huracán Katrina en el mes de agosto del año 2005. Una ciudad muy bonita, llena de mucha historia, lo que más me llamaba la atención eran los contrastes que se veían, por los niveles de pobreza en los que estaban sumergidos sus habitantes.

Visitaba New Orleans cada quince días, disfruté mucho su pintoresco *French Quater*, con su mercado lleno de muñecos vudú, su famosa calle de *Bourbon Street* y en particular, lo que más me seducía eran los cócteles "Huracán" en *Pat O'Briens*, bebidas preparadas con rones de no muy buena calidad. Desde muy joven tuve problemas con el alcohol, no tenía control sobre él, bebía demasiado. Fue una etapa muy dura que afecto muchas áreas de mi vida. Es doloroso pensar, que tuve que tocar fondo y llegar a pasar por situaciones extremas, para aprender y tomar conciencia del daño que le estaba haciendo a mi cuerpo.

Recuerdo el día que fuimos a New Orleans a registrar las cédulas al consulado para las votaciones presidenciales de 1998, como ya era costumbre, me excedí con el licor. Tome demasiados cócteles que hicieron que mi cuerpo se enfermara, de tal manera que duré casi una semana sin poder pararme de la cama del dolor tan fuerte que sentía. El diagnóstico fue que tuve una intoxicación etílica, según mi criterio. Ir donde los doctores no era una opción viable; unos amigos ecuatorianos, que tenían experiencia con estos casos de exceso de alcohol, me dieron medicina para procesar ese malestar. Cuando regrese a Colombia lo primero que hice fue hacerme unos exámenes y gracias a Dios todos salieron bien. Fue un aviso de que tenía que parar o estaba en riesgo de enfermar.

Cuando escogí estudiar en *Baton Rouge*, pensé en estar en un sitio que permitiera de cierta forma mantener mi zona de confort. Quería un lugar con un clima parecido al de mi ciudad natal y que tuviera un costo de vida manejable. Pero no tuve en cuenta otros factores de igual importancia. Había llegado a la universidad más grande de "Centroamérica". La universidad estaba llena de latinos.

Todo en esta ciudad fue un aprendizaje, entendí más sobre el costo de la vida, y que salir a comer en algún restaurante era un lujo que no podía pagar. Un combo de hamburguesa, con papas y gaseosa, ya estaba fuera de mi presupuesto de estudiante. Era más económico cocinar. Fue una experiencia gratificante porque de alguna forma me acercó a mi madre. Quien con mucha paciencia, me enseñó esa fina labor.

Me enviaba por correo electrónico la forma más práctica, pero rica de preparar diferentes platos. Los disfrutaba y desde lejos podía sentir la sazón de sus comidas, la mezcla de condimentos, y ese toque especial que le ponía a cada plato que preparaba.

Existen muchas razones del porqué de este viaje, aunque la razón principal era estudiar inglés, en el fondo, quería dejar atrás una vida de sinsabores, de amores no correspondidos y trabajos que me generaron muchas frustraciones. En fin, solo quería olvidar todas las pruebas que tuve que pasar, pero que eran parte del trabajo espiritual que tenía para hacer en esta encarnación. Esta experiencia, me permitió conocer gente de diferentes países, sus culturas y formas de ver la vida, abrieron mi mente. Se convirtieron en parte de mi familia y de apoyo en momentos de soledad e incertidumbre.

La idea inicial era estar todo el año por fuera de Colombia, era lo que duraba el curso de inglés. Pero *Baton Rouge* era una ciudad universitaria y en diciembre se quedaba sola, eso no era bueno para mi proceso. No me gustaba estar solo, así que tome la decisión de regresar a Cali para esa navidad. Fue una sorpresa para todos, especialmente para mi madre, que no esperaba que regresara tan pronto. Pocos estaban enterados, solo mis hermanos. Me daba un poco de susto caerle de sorpresa a ella, porque no sabía cuál sería su reacción. Pensaba en su corazón, la tendencia que nos impulsa a imaginar lo peor y que por la emoción le pudiera dar un ataque.

Mis padres estaban alegres de verme, mi madre lo tomó con mucha tranquilidad. Como anécdota recuerdo que ese día uno de mis tíos, el "superhéroe", llegó con mis primos de visita a la casa, yo acababa de llegar. Mi hermano se escondió en la cocina, y me puse sus gafas, me senté al lado de su novia. Mi tío y primos no se dieron cuenta de que yo estaba haciéndome pasar por mi hermano. Cuando él sale de la cocina, todos sorprendidos empezaron a reírse. Supuestamente, ellos siempre nos habían diferenciado y nunca nos habían confundido.

En el mes de enero de 1998 regresé a los Estados Unidos; otra vez me había acostumbrado a vivir en casa de mis padres y a los cuidados, especialmente de mi madre. Sentía un impulso en quedarme en esa zona de confort, por todas las comodidades que me ofrecían. Aunque en el fondo había resistencia, asumí el reto de viajar de nuevo. Mis padres me acompañaron al aeropuerto, me despedí con un poco de tristeza. Sería la última vez que vería a mi padre sano.

OMAHA, NEBRASKA

En febrero la convivencia en el apartamento en que vivía se había vuelto difícil con mi compañero. Uno de sus amigos, que también era colombiano, se mantenía todo el día en el apartamento y solo se iba en las noches a dormir al de él. Hacían mucha bulla, hablaban todo el tiempo en español, y eran felices viendo novelas latinas, lo que interrumpía mi estudio. Mi propósito era aprender inglés, así que quedarme en ese lugar ya no tenía ningún sentido. En ese momento sentí mucha rabia, pero hoy le doy gracias a la vida porque las cosas pasaron de esa manera.

A raíz de esa situación, me mudé más al norte de los Estados Unidos, al Midwest. Un gran amigo de mi hermano, que también andaba estudiando inglés, me consiguió casa, carro y un empleo. En el mes de marzo de 1998 llegué a la ciudad de Omaha, en el estado de Nebraska, y como dice el dicho, «al que no quiere caldo se le dan dos tazas». Me había ido a estudiar a *Baton Rouge*, para no tener que enfrentar el clima frío y llegué a una nevera. El primer día en Omaha fue toda una odisea, al salir del aeropuerto; la ciudad estaba cubierta de nieve. En el camino a mi nueva casa, me tocó bajarme del carro para ayudar a empujar el vehículo de un vecino que se había estancado en la nieve.

Estaba empezando una nueva vida, y tuve que adaptarme al frío. Tenía que trabajar, entregando periódicos, en las calles cubiertas de hielo y nieve. Como ese sitio era un lugar de contrastes. Llegué para el invierno en el mes de marzo y me iría en agosto en pleno verano, con un intenso calor.

Todo en ese lugar fue perfecto: la casa, el trabajo, los vecinos, el estudio, el carro, y las excelentes personas que conocí; quienes me hicieron tener una gran experiencia de vida en ese lugar. Omaha era un sitio totalmente diferente a lo que había vivido en Baton Rouge; un lugar demasiado tranquilo para lo que yo estaba acostumbrado. Venía de una ciudad donde siempre estábamos de fiesta en fiesta cada fin de semana y donde, por lo menos una vez al mes, íbamos de "rumba" a New Orleans. Salí de un lugar con un ambiente latino muy fuerte, a una ciudad fría y apacible. El cambio era necesario y mi hígado o páncreas también lo agradecerían, porque no aguantaban más el exceso con la bebida.

Empecé a estudiar en un *Community College*, en el sur de la ciudad, y comencé a notar los resultados de que mi elección para estudiar inglés en Baton Rouge no había sido la mejor opción. LSU estaba llena de salvadoreños, hondureños, nicaragüenses, costarricenses, mexicanos, venezolanos, entre otros. Mi inglés escrito, la gramática, composición y comprensión de lectura eran muy buenos; ya contaba con el puntaje del TOEFL requerido para empezar una carrera en LSU. A nivel conversacional era otra cosa, en mis clases en Omaha, solo le entendía a la profesora. Cuando hablaban mis compañeros se me dificultaba entenderlos, eran personas con un nivel de educación diferente. Yo escribía mejor que ellos.

A veces me arrepentía de haber estudiado en LSU, pero ahora entiendo que era perfecto y necesario para mi vida.

"No nos debemos arrepentir de lo que hacemos, solo aceptarlo y reconocer los resultados de nuestras elecciones".

MI PAREJA

Durante mi estadía en LSU, la tecnología se volvió mi mejor aliada, teníamos computadores disponibles por toda la universidad, en cualquiera de las bibliotecas y lo más importante, internet gratuito. Las comunicaciones a través de correos electrónicos me ayudaron a sobrellevar la distancia y la soledad. Por cosas del destino, gracias a esta tecnología, conocí a la que sería mi compañera de vida por once años. Un tío la bautizo la novia "cibernética".

Esta historia de amor empezó gracias a un correo electrónico. Me acababa de llegar propaganda política en contra de uno de los políticos de turno de esa época, así que aproveché, y se lo reenvié a todas las personas que estaban incluidas en mi lista de contactos. Sin percatarme, también le había enviado el correo a una compañera de estudio de la novia de mi hermano. Al final, la que resultó leyendo el correo fue la hermana menor de la compañera de mi cuñada, el cual respondió, pero se notaba preocupada por las preguntas que me hacía. "¿Qué cómo había obtenido el correo electrónico de su casa?" Esto fue el inicio de una amistad y comenzamos a cruzar mensajes. Estaba intrigada y quería saber quién era yo. La curiosidad era mutua y por eso empecé averiguar sobre su vida, con la novia de mi hermano.

Pude enterarme de que era una mujer joven, bonita y rebelde; algo hippie, y que estaba medio loca por así decirlo. La novia de mi hermano también me dijo, que tenía la voz gruesa y que se reía bastante. Toda la información la utilicé en el momento en que empezamos a escribirnos por internet. A mi nueva amiga, a quien llamaremos Sara, le aterraba que supiera tantas cosas de ella, la desconcertaba. Después de algún tiempo le dije la verdad, que la información me la había dado mi cuñada. Sara un poco más tranquila me confesó que había pensado que yo era un terrorista o un guerrillero.

Así empezaría un noviazgo cibernético. Nos enviábamos correos todos los días, a veces uno en la mañana y otro en la tarde, nos contábamos todo lo que habíamos hecho en el día, utilizábamos frases bonitas, palabras de cariño, apodos tiernos, etc. Se convirtió en mi soporte. Un día se atrevió a llamarme, y pude comprobar que su voz era grave, pero agradable. Recuerdo mucho su primer regalo, me llego de sorpresa por mensajería. Ella había organizado en una caja pequeña, un mensaje escrito en un rollo fotográfico de los que ya no se usan, con unas fotos en blanco y negro, artística. Era una mujer muy bella.

Para responder a tan lindo detalle, también le envié por correo una foto a color que me había tomado en Omaha, en el campus del *Community College*. Como era un día donde estaba cayendo nieve, me había puesto una chaqueta para el frío, que me hacía ver grande. Según ella, le vendí otra imagen con esa foto.

EL REGRESO AL PAÍS

La novia de mi hermano había llegado en febrero a estudiar inglés a Omaha, en la universidad de Nebraska, en un programa intensivo llamado ILUNO. Desde que llegué en marzo, como tenía mi propio transporte, empecé a estar pendiente de ella; porque mi hermano me pedía ese favor. Para el mes de mayo tuvimos la oportunidad de ir a una fiesta latina, la organizaba la colonia mexicana. Notaba a mi cuñada algo distante y callada; sus ojos reflejaban tristeza, como si hubiera llorado. Al día siguiente, cuando hablé por teléfono con mi hermano que estaba en Colombia, me contaría lo que estaba sucediendo. Mi padre estaba enfermo, le habían diagnosticado cáncer; quede frío y pálido. La sensación de impotencia fue inmensa, sentí mucha rabia y perdí el control. Agarré a golpes la pera de boxeo que tenía en mi cuarto, fue una forma de sacar el dolor que estaba sintiendo en ese momento. Se me derrumbaba el mundo. Era una situación que se salía de mis manos, no tenía la forma de cambiarla.

Ese día no tuve la valentía de llamar a mi padre, pasaron dos días, hasta que tome las fuerzas para hablarle de manera tranquila. Recuerdo que era de noche, y le pregunté cómo se sentía; como siempre su actitud era muy positiva y se hacía el fuerte, me dijo *"yo estoy bien, cuando me sienta mal le aviso, por ahora sigo con mi vida, acá no hay nada que se pueda hacer"*. Continuo advirtiéndome *"su mamá y abuela no saben nada, esperemos que pase la fiesta de las madres para ver qué sucede"*. Se despidió sin dar muchas vueltas. Esa noche no pude dormir bien, solo tenía ganas de regresar a Colombia para estar a su lado y acompañarlo.

Así trascurrió el tiempo, llegó el día de la madre y el cumpleaños de la abuela, mi padre nunca le dijo a la abuela, la verdad de su enfermedad. Tampoco supe la reacción de mi madre cuando se enteró, todo era un misterio alrededor de la enfermedad. Así que seguí mi vida con valentía y asumí lo que estaba sucediendo.

Para ese año, mi hermano y mi cuñada, deciden casarse por lo civil en Omaha, aprovechando que ella era ciudadana americana. Él viajó a Omaha y se casaron el día siete de agosto; querían hacerlo la misma fecha de matrimonio de mis padres. Ellos viajaron a Orlando de luna de miel, yo me encontraría con ellos en Tampa a los pocos días. Veníamos ya de regreso para Colombia; pero antes de eso, ellos querían hacer un recorrido por los lugares en los que yo había vivido. Rentamos un vehículo, visitamos Baton Rouge, New Orleans, conocimos las hermosas playas de Panamá City, Daytona Beach y hasta paramos en Cabo Cañaveral.

El día dieciocho de agosto regresamos a Cali, Colombia. Cuando llegué a mi casa, viví uno de los momentos más amargos y difíciles de enfrentar, ver a mi padre tan delgado y demacrado, era como otra persona, estaba vestido con una sudadera gris que le colgaba en su cuerpo; sé que había hecho un esfuerzo muy grande para esperarme sentado en la sala. Traté de que no se notara mi tristeza y asombro por verlo en esas condiciones.

Tuve la fortuna de acompañar a mi padre en su último mes de vida terrenal. El día diecisiete de septiembre de 1998 trasciende su alma. Se fue muy tranquilo, rodeado de sus seres queridos, quienes lo acompañaron hasta el último momento; su esposa, su hermana menor y su hijo mayor. Como algo curioso, su hermana menor, que vivía en Buga, había venido el día anterior a visitarlo y sin planearlo, estuvo en su lecho de muerte.

Al siguiente día de mi regreso a Colombia conocí a Sara, mi novia cibernética, quien se convertiría en mi compañera de viaje por los siguientes 11 años. Cuando nos vimos cara a cara, ella fue muy honesta y me dijo que se sentía decepcionada, porque en la foto que le había enviado, me veía más grande y acuerpado. En ese momento estaba muy flaco, por el trabajo que estuve realizando por casi cinco meses, repartiendo periódico todos los días.

Igual con su desilusión por mi aspecto físico, iniciamos el noviazgo. En el mes de octubre nos comprometimos, ella quería estar segura de que nuestra relación era seria y pusimos una fecha para casarnos, el ocho de enero de 1999. Tuvimos un matrimonio a escondidas, nos casamos por lo civil, lo hicimos para que ella se sintiera más tranquila. Cada uno seguiría viviendo en su respectiva casa.

Fue una época difícil porque a pesar de que buscaba trabajo, no me resultaba nada y fuera de eso, la historia de mi padre se repetía. A uno de mis tíos, por el lado de mi madre, el "superhéroe", también le diagnosticaron cáncer, era muy carismático y lo apreciaba mucho. Me convertí en su compañero de viaje, todos los días lo visitaba y conversaba con él. Pero llegó el momento de volver a Estados Unidos para no perder mi visado de estudiante, ya iba a cumplir un año por fuera del país. En el mes de agosto de 1999, me despedí de él, fue muy duro. No sabía cuándo regresaría y si lo volvería a ver con vida.

Entre los planes no era seguir estudiando en Omaha, así que viajé a la ciudad de Sunrise, en el estado de la Florida. Me hospedé en la casa del hermano mayor de mi padre y su familia. Mi tío siempre me abrió las puertas de su casa, como retribución a la gratitud que le tenía a mi padre. En tantas charlas que tuvimos me contó que mi padre siempre lo apoyo en todo lo que él hizo, como cuando viajó a Inglaterra, que le financió el viaje, yo no lo sabía.

Empecé la búsqueda de oportunidades laborales, pero lo único que me resultaba era limpiezas de casas en Boca Ratón o limpiezas de obras de construcción en South Beach. Fue un golpe duro para mi ego. Además la persona con la que trabajaba, siempre me lo recordaba y le decía a sus clientes que yo era ingeniero. Me sentía terrible, porque pensaba que cómo siendo un profesional tenía que estar limpiando casas, un trabajo que sin desmeritarlo no era para mí. Me costaba aceptarlo, pero lo hacía, aunque pagaban bien, era un trabajo muy casual.

Mi estadía en Estados Unidos fue como un relámpago. No había nada que me detuviera, no encontraba nada productivo para hacer y mi pareja estaba en Colombia. Así que en el mes de noviembre decidí regresar. Una vez tuve en mis manos el documento de la Seguridad Social de los Estados Unidos, compré mi tiquete de regreso. Al estar de nuevo en mi hogar seguí acompañando a mi tío enfermo de cáncer, él se había aferrado a la vida, soñaba con estar presente en el cambio de milenio o "Y2K"[*] y así lo hizo. El treinta de enero de 2000 trascendió rodeado de toda su familia.

Una vez más enfrentaba la muerte de cerca, ver como poco a poco se apagaba su vida y escuchar su último suspiro. Fue una muerte tranquila, pero me quedó la tristeza de no haber podido ubicar a todos sus hermanos, para que lo acompañaran en su lecho de muerte. Uno de ellos llegó ya después de que había trascendido. Su cara reflejaba el dolor y la tristeza por la partida de su hermano. Son imágenes que se quedaron grabadas en mi mente y son difíciles de olvidar. Pero qué paradojas tiene la vida; al poco tiempo él también trascendería. A veces pienso que él se enfermó de tristeza por perder a su hermano. Todas estas experiencias me acercaban a uno de mis grandes miedos: la muerte; la que se me dificultaba aceptar y a la que siempre le había tenido miedo.

---

[*]   Y2K: The Year 2000

EL EMPLEO PARA EL CLAN

Para el mes de mayo del año 2000, conseguiría un empleo en la naviera más grande del mundo, al fin iba a trabajar en una multinacional. Le estaba dando gusto a mi clan familiar, lo único que hacía falta para completar las expectativas, era llegar al cargo de gerente. Fue un trabajo muy demandante, que exigía esfuerzo y sacrificio. Al final valió la pena, estaba aprendiendo algo nuevo. La filosofía de esta compañía era: "Todo debe ser perfecto, desde la primera vez que se hace".

Las actividades que desarrollaba en mi cargo, requerían mucha responsabilidad. Un error representaba multas millonarias, que podían empezar desde cinco mil dólares y de ahí para arriba lo que fuera. Afortunadamente, era muy metódico y organizado, lo que me llevo a no cometer errores. Me convertí en el auditor del trabajo de mis compañeros, les cuidaba la espalda por así decirlo. Mi desempeño era tan bueno, que muchos meses me gané el premio al empleado del mes. Lo que representaba una retribución económica, bastante generosa. Tanto así que la compañía me pagó la especialización en logística, en una de las mejores universidades de la ciudad.

Gracias al CEO para Colombia de la naviera, recibí muchos estímulos y reconocimientos por mi labor en la empresa. Cada seis meses me hacían ajustes salariales. Esta estabilidad me permitió tomar la decisión de casarme. El matrimonio católico fue el día tres de noviembre de 2001, en la Iglesia de San Antonio, una de las más tradicionales de la ciudad de Cali.

LA VIDA DE CASADO

Debería existir un manual para saber cómo no morir en el intento para mantener a flote un matrimonio. Siempre hemos escuchado que la convivencia y la adaptación a la pareja es una tarea de paciencia, tolerancia y mucho amor, pero a veces eso no es suficiente. En el noviazgo todo es color de rosa, porque ves a tu pareja con ojos de enamorado, así que no evalúas con la razón sino con el corazón; y esto es una gran falla. No te tomas el tiempo de conocer a fondo, sí, esa es la persona adecuada para ti. Nos hacemos a la idea de que va a hacer para toda la vida. Mala interpretación. ¿Para toda la vida?, considero que es un paradigma, que nos inculcó la religión.

Al casarse las cosas pueden cambiar, tomar otro rumbo y muchas veces por miedo al qué dirán, a los juicios, a la familia, a nuestros amigos, por los hijos, aguantamos cosas y situaciones que, a la larga, nos dan infelicidad. Se debe tener conciencia que al casarse, muchas cosas pueden cambiar y que durante el proceso puedes darte cuenta que eso no era lo que querías o esperabas.

En mi caso, debo confesar que el curso prematrimonial que muchos lo hacen como un requisito, fue donde me di cuenta que estaba cometiendo un gran error. Esa era la oportunidad para tomar la decisión de no casarme. Lo pensé y la idea me dio vueltas por la cabeza, pero tuvo más peso el compromiso social, que lo que sentía en ese momento. Entró a jugar algo, la culpabilidad, ya todo estaba preparado: las invitaciones entregadas, el sitio para la fiesta, la lista de regalos. Pero seguía hablándome una voz interior, que me decía que no me casara.

Y como una premonición, en los primeros meses de nuestro matrimonio ya estábamos haciendo terapia de pareja. El psiquiatra fue muy claro y le dijo a ella, que si no cambiaba, era mejor que nos separáramos. En las consultas salía a relucir una lista de innegociables, y ahora es que lo comprendo. En esta relación "perdí" mi identidad. Siempre había sido una persona sociable y me gustaba ayudar a la gente, pero por darle gusto a mi pareja y sin darme cuenta, empecé a tener cambios muy sutiles. Me alejé primero de mis amigos, luego poco a poco de mi familia, y adopté rasgos de su personalidad como si fueran míos. Dejé de hacer muchas cosas que me gustaban. Abandoné mi esencia, ahora comprendo que nunca debes permitir que nadie te opaque. Reconozco que cedí demasiado, era parte de mi aprendizaje, el haber dado tanto; era la experiencia de vida que necesitaba.

También entendí que nunca puedes perder tu espacio e individualidad, porque en una relación de pareja se comparte un camino, en donde los dos deben dar lo mejor, con el propósito de construir una relación basada en el respeto de la identidad del otro; construyendo acuerdos, compromisos y con la lealtad de respetarlos.

Cuando escogemos estar con alguien es por voluntad propia; sin ataduras, ni obligaciones. Deben ser uniones de amor. En donde le otorgues la libertad a tu pareja, para que decida hasta qué día quiere estar junto a ti, y que si en el camino conoce a alguien que la haga más feliz, pueda seguir adelante con esa persona. Eso es amar de verdad; aunque sea difícil de entender. Ya que nos enseñaron a relacionarnos desde el apego.

Adicionalmente, debemos acabar con las ideas que nos vendieron del matrimonio: "El matrimonio es para toda la vida, lo que Dios ha unido no lo puede separar el hombre". Lo que dura para toda la vida son los hijos, son el resultado de la unión sagrada del hombre y la mujer. Nuestro propósito es encontrar una pareja que te acompañe en el caminar de la vida, alguien con quien puedas construir una familia; con quien te sientas identificado, sin dejarte influenciar por las presiones de la sociedad.

Ese fue mi caso, no me case enamorado, tenía dudas al respecto. Mi decisión fue más por la presión que ejercían las exigencias de la sociedad. Ya tenía 33 años y era el momento para formar un hogar y tener mi propia familia. Siempre hacía lo que mi clan familiar quería o esperaba de mí. Ser profesional, con buena educación, con principios y valores, casarme con una excelente mujer que cumpliera con todos los requisitos. Crecí con este mensaje: "busqué una buena mujer, profesional, educada, bonita y si lo puede mantener mejor". Esas eran las palabras de mi clan.

Pero en el Universo todo es perfecto, muchas veces nos preguntamos por qué suceden las cosas, pero lo que debemos saber es el para qué. Aunque tuvimos el deseo de tener hijos, nunca llegaron, era porque no nos correspondía. Después de tres años de noviazgo y ocho de matrimonio, todo llego a su fin, aunque luchamos por conservarlo, entendí que uno no debe forzar nada. Según mi balance en la relación, hubo buena convivencia, pocos triunfos, no muchos éxitos y quizás lo más duro, muy pocos recuerdos; ni buenos ni malos. Aunque la separación fue por mutuo acuerdo y en buenos términos, prometiendo querernos por siempre, no fue así. No nos volvimos a ver, cero comunicación y el día que firmamos el divorcio, ella me preguntó: "y esto es todo", le dije: "sí".

Para ella solo tengo una gratitud inmensa y me gustaría que supiera el gran amor que siento por ella. Espero que se encuentre bien y pueda lograr el éxito en todos sus proyectos. Solo espero que siga su vida adelante, sin odios y rencores. Para mí lo más importante es que recuerde los once años que compartimos juntos, con una sana convivencia y trato. Le cumplí hasta el final.

DESPIDO – FALTA DE COMPROMISO

Después de tres años trabajando en la naviera, me citaron en Bogotá a una reunión con el CEO de la compañía en Colombia. Había muchas especulaciones respecto al viaje y surgían interrogantes respecto a sí me iban a ascender, o me iban a enviar a China; la realidad era otra. Cuando llegué a Bogotá me recibieron con una noticia que me tomo por sorpresa. La compañía había empezado un proceso de ajuste a nivel mundial desde el mes de enero y el puesto que estaba ocupando iba a desaparecer en poco tiempo, en teoría trabajaría hasta el mes de abril. Al final terminé trabajando hasta agosto del 2003, no fui el único sorprendido. Mi jefa directa no se imaginaba que la reunión era para eso. Cuando le conté toda la historia le parecía increíble. El "mejor" empleado, premiado muchas veces; salía de la compañía. Aunque algo difícil de asumir, lo tome con mucha tranquilidad. Buscando las razones de mi despido, con el tiempo descubriría la verdad y comprendería que nadie tuvo la culpa. Yo era el único responsable.

En una oportunidad me ofrecieron viajar al Brasil a realizar un curso de entrenamiento, pero los miedos me hicieron sacar todas las excusas posibles para no ir. La verdad era que no confiaba en mis capacidades y sin saberlo le estaba dando señales a mi nuevo jefe. Le estaba vendiendo la idea de no ser apto para realizar las tareas que me exigía el cargo. Le estaba demostrando la falta de compromiso con la compañía. El temor me paralizó y no me dejo avanzar, tal vez la historia hubiera sido diferente si hubiera tenido las agallas de viajar al Brasil, pero ahora entiendo que era parte de mi destino y así tenía que ser.

CREANDO EMPRESAS

A los pocos días del despido de la naviera, inicie un trabajo con unos compañeros de la especialización en Logística, creamos una comercializadora internacional de productos de papelería. Importábamos de países como, Taiwán, India y China. Fue un año de nuevos aprendizajes, organizando procesos, estableciendo proyectos y negocios. Hasta tuve la oportunidad de ir a una feria de productos escolares en Atlanta, Estados Unidos, donde conocería algunos de los nuevos proveedores con los que estábamos trabajando. Para montar la comercializadora contamos con un socio capitalista, y nosotros aportábamos la experticia y el tiempo al proyecto. Trabajé gratis seis meses, pero no me podía dar el lujo de seguir así. Nos asignaron un sueldo mínimo y la verdad no era suficiente para mantenerme por mucho tiempo.

Cuando estaba en la comercializadora, apareció el que había sido mi jefe, diez años atrás, en la compañía de montajes industriales. Me estaba buscando por cielo y tierra. Hasta que por fin me contacto. Él necesitaba a alguien para administrarle varios proyectos en Cali, una persona que le generara confianza; ya que él vivía en Europa. Empecé a laborar con él en septiembre del 2004. El primer proyecto fue convertir en operativo un vehículo de carga que había sido siniestrado. Tenía que conseguir un conductor, aunque era un gremio complicado, por fin pude encontrarlo y resultó ser un excelente trabajador; muy familiar, recursivo y honrado.

Otro de los proyectos era el ensamblaje de un barco pesquero. Se había comprado en Tumaco, pero se encontraba anclado en el puerto de Buenaventura, en el mar Pacífico. Estuve viajando a Buenaventura, hasta dos veces por semana. Lo cual hice por casi tres años. Me convertí en armador de barcos.

Hubo mucha tramitología para poder obtener la documentación de la motonave, la cual bautizamos como Niña Diana. Gracias a mis constantes viajes a puerto, tuve la oportunidad de conocer mucha gente y descubrir un poco la cultura del puerto de Buenaventura. Como no tenía mucha experiencia en barcos, buscaba personas que me apoyara para su reconstrucción. Todos sabían de todo, pero a la larga no sabían nada. Como era un lugar de mucha pobreza y sus pobladores vivían en condiciones infrahumanas, cualquier oportunidad de trabajo y de ganar dinero no la desperdiciaban. Aunque no tuvieran la experiencia y el conocimiento para hacerlo.

El barco estaba amarrado en una zona de baja mar, llamada "el Escondite de Orlando". En ese lugar tuve la oportunidad de conocer lo que era la verdadera pobreza, casas construidas sobre rellenos de basura; robándole espacio al mar. Lo bonito de esa experiencia fue conocer gente humilde, pero honesta, niños felices, sonrientes; a pesar de sus carencias; quienes siempre me escoltaban cuando entraba y salía de la zona. Eran mis ángeles de la guarda. También las personas que vivían en ese lugar me cuidaban, tal vez por mi forma de ser y comportarme con ellas, eso permitió que me desplazará con tranquilidad por la zona. Era un sitio donde la policía y el ejército solo entraban por necesidad; en carros blindados y armados hasta los dientes.

LA BANCARROTA

A la par de los proyectos del barco y el camión, también estaba desarrollando desde el 2005, otra idea que me había propuesto un amigo y fue la de montar un *call center* en Colombia, para prestarle los servicios a una empresa ubicada en Estados Unidos, donde él trabajaba. Mis empleados eran bilingües, pero ninguno tenía en ese momento la Visa, así que era yo el que viajaba. Recibía los entrenamientos y los replicaba en Colombia. Era el gerente del *call center* y tenía un contrato como empleado de la compañía en Estados Unidos. Desde el principio asumí los costos de operación en Colombia, y mes a mes ellos me iban cancelando el valor de la operación.

Los años 2005 y 2006 fueron excelentes, recibía muy buenos ingresos y además contaba con un vehículo que me daba la otra compañía, para uso personal. El año 2007 me recibió con una mala noticia, mi amigo, el que me propuso el negocio del call center, me informó que la compañía se declaró en bancarrota y que a él también lo habían arrastrado en esa declaratoria. Yo tenía dinero invertido en la operación de la compañía, y lo iba a perder. Mi amigo me aseguró que él me pagaría hasta el último peso, se demoró, pero me cumplió.

Estaban desencadenándose una serie de situaciones que me llevarían a la quiebra. Para el mes de marzo, el negocio principal de mi jefe de Europa, había recibido una fuerte pérdida, por un error de procedimiento, en un principio quisieron inculparme, pero les demostré que no tenía ninguna responsabilidad en el evento. Igual se estaba fracturando la confianza de tantos años.

Para ese mismo año, acababa de terminar el ensamblaje del barco y tenía todos los papeles en regla, ese era el compromiso que tenía con mi jefe. Desde el principio fui muy claro que no me iba a hacer cargo de la operación del barco, ni de la pesca; no era mi negocio. La otra persona encargada de esta labor tuvo problemas con mi jefe, y renunció. Así que tuve que encargarme del primero y único zarpe.

Me recomendaron a un capitán, tenía buenas referencias. A través de él y mi empleado de confianza en Buenaventura, logré conseguir la tripulación para el barco. Hicimos una salida alrededor de la bahía para ver cómo estaba funcionando, alcanzaba buena velocidad, igual se le hicieron algunos ajustes y quedó listo para iniciar la faena.

Un miércoles, en una mañana de abril de 2007, por fin, zarpó la *Niña Diana*, sin novedad alguna. Tenía suficiente combustible, provisiones, hielo, etc. Desde mi oficina en Cali, le hacía el seguimiento a través del posicionador satelital, que nos había obligado la DEA a instalarle a todos los barcos en Colombia. Según la DIMAR, era para cualquier emergencia que se presentara en la motonave. Pero con mi experiencia de vida pude comprobar que era falso. El día viernes de esa misma semana, recibí la llamada de un familiar, quien era piloto práctico en el puerto, me preguntó si mi barco era el *"Niña Diana"*. Le confirmé que sí, y me comentó que el barco se había reportado en emergencia.

A los pocos minutos recibí otra llamada de mi agencia naviera en el puerto y me confirmaron la noticia, era cierto que el barco se encontraba en emergencia. Tenía que esperar los protocolos de la capitanía del puerto; asumía que sería una búsqueda y el rescate; pero eso nunca sucedió. El día sábado envié una lancha con mi empleado a la última posición registrada; pero era como buscar una aguja en un pajar. La búsqueda fue infructuosa y se decidió regresar al puerto a las cuatro de la tarde, por seguridad. Sentía indignación ante la inoperancia de la capitanía de puerto. Tanto fue así, que a través de un contacto en la Fuerza Aérea se iba a levantar una reclamación en contra de la Capitanía del Puerto. Claro que no era lo ideal, porque era el punto donde zarparía siempre.

La espera se hizo eterna. En las primeras horas de la mañana del día domingo, recibí una llamada de mi agente naviero y me confirmó que lo habían encontrado cerca al puerto de Buenaventura, en bahía Satinga. El ARC Independiente, les tiró un cable y lo remolcaron al destino que ellos llevaban, bahía Solano. El capitán del barco me comentó después; que gracias a él no botaron el barco. Inicialmente, era solo rescatar a la tripulación, pero al ver que todo era nuevo y que era su primer zarpe, accedieron a hacer el arrastre hasta el puerto que ellos tenían como destino.

Tuve que enviar a un técnico electro-mecánico hasta el lugar, para que realizara las reparaciones pertinentes y poder traer el barco de regreso al puerto de Buenaventura. El barco regresó el día miércoles; una semana después, exactamente. Se esperaba que con la pesca se pudiera salvar algo del costo del zarpe, pero la verdad fue muy poco lo producido. Más tarde me enteré que habían recolectado aletas de tiburón, pero no me lo reportaron; su pesca era ilegal. Lo que sucedió fue el resultado de la inexperiencia del mecánico, el barco tenía mucha tecnología para su escaso conocimiento, mi error fue no haberme percatado que no tenía la experticia, pero por la urgencia y la necesidad del zarpe, tome decisiones a la ligera, me confié en lo que dijo el capitán del barco.

El sentimiento de rabia de mi jefe era total, cuando hablé con él por vía telefónica se sentía muy disgustado, sus últimas palabras fueron: "Puedes hacer lo que quieras con el barco, véndelo o quémalo". A raíz de este fracaso, el barco estuvo anclado por varios meses en el muelle, hasta que se tomó la determinación de desensamblarlo. El trabajo de casi tres años se destruyó en unos pocos días. Todos los equipos de pesca, incluido el motor, quedaron guardados en una bodega en la ciudad de Cali. Al poco tiempo, mi empleado en Buenaventura, a quien le habíamos dejado el casco del barco, como pago de su liquidación, me llamo para que le firmara la venta del casco de barco. Hasta ahí llegaba mi título de armador. Un aprendizaje más para mi lista.

Ese año 2007 fue fatídico, lleno de calamidades, como si una sombra negra me persiguiera. Todavía faltaba algo más por suceder. Para el segundo semestre se puso en venta el camión de la compañía. Apareció un comprador que supuestamente era un consorcio que estaba construyendo un túnel en la línea. Me enviaron el contrato de compraventa firmado, todo se veía normal. Cuando estábamos realizando la negociación del pago y entrega del vehículo, recibí una llamada nada alentadora de mi primo médico, le habían diagnosticado cáncer a mi hermano mayor. Fue tan dura la noticia, que provocó que yo me desconectara del mundo. Solo tenía cabeza para pensar en mi madre y en lo que habíamos vivido con mi padre 10 años atrás. No sé sí con todo lo que estaba pasando, me había afectado y no estaba lo suficientemente concentrado en la negociación. El consorcio iba a pagar con un cheque de gerencia, los documentos estaban en orden, estaba confiando y envié el camión a Armenia, el día sábado. Al día siguiente, cuando asistía a un seminario sobre "El Secreto", tuve la sensación de que nos habían robado el camión. El lunes, mi premonición se hizo realidad, el cheque estaba sin fondos. Asumí toda la responsabilidad e iniciamos su búsqueda. En medio de mi desesperación, no entendía por qué estaba viviendo esta mala racha de tantos episodios; con tantas pérdidas de negocios, cosas materiales, confianza en mí mismo, relaciones. ¿Qué señal me estaba dando la vida?, ¿qué tenía que cambiar?, sentía la soga al cuello con tantos sucesos desagradables, después de todos estos eventos, mi jefe acepto mi renuncia. El camión se recuperó en Ipiales, en la frontera con Ecuador, y mi hermano no tenía cáncer, fue un error del laboratorio.

A raíz de todo lo que había vivido comencé una búsqueda para responder a tantos interrogantes que tenía.

> *"Cuando uno decide abrir su mente, el Universo conspira para entregarte por medio de libros, vídeos y personas las enseñanzas que pueden ayudarte a entender lo que está sucediendo. Especialmente a poder aceptar y comprender sin rabia cuál es el propósito".*

EL SECRETO DETRÁS DEL SECRETO

En ese 2007, tuve la oportunidad de asistir a un seminario que se llamaba "El Secreto detrás del Secreto", lo organizaba un Instituto Holístico de programación mental. Fue interesante porque llegaba a mis manos de nuevo información que hablaba de las leyes del Universo, de los estados mentales y dimensiones. Era un seminario donde utilizaban rituales con agua, velas, fotos y fuego. Fue mi primer acercamiento con temas espirituales. Pero como en el vídeo del *El Secreto*, el evento manejaba muchos conceptos, que a mi parecer se quedaban en la transmisión de conocimientos, pero no en profundizar en un verdadero encuentro real con el SER, con nuestro YO Superior.

Según mi criterio, todas estas teorías funcionan; siempre y cuando las personas tomen la decisión de querer vivenciar un proceso para despertar el SER, y conocer realmente el sentido de la vida. El principal propósito de que estemos aquí en esta tierra. Para mi gusto el evento fue demasiado ritualistico; pero ahora entiendo que era la mejor forma para que nuestro subconsciente asimilara, grabara y cambiara tantas pautas negativas que tenemos arraigadas. En la conferencia se habló de temas muy valiosos y salieron a relucir conceptos que en ese momento no comprendía. Términos como kharma, dharma, libre albedrío, prana, mente consciente, mente subconsciente.

Una de las grandes enseñanzas que adquirí durante el seminario; fue que, a través de los errores, se evoluciona. Definitivamente, cuando no estamos listos para recibir la información; por más que la escuchemos, veamos y leamos; no la vamos a entender y valorar como es debido. Al final, comprendemos que todo está en nuestra mente, en la capacidad de creer que algo funcione o no.

PROGRAMACION NEÜROLINGUÍSTICA (P.N.L)

Frente a todos los sucesos que habían ocurrido y a la frustración que sentía por no tener la vida deseada; seguí buscando respuestas y maneras de recuperar la confianza y la fuerza para continuar. Especialmente quería aprender a manejar los miedos, que no me permitían avanzar. Se me presentó la oportunidad de tomar una certificación en Programación Neurolingüística, en abril del 2008; con la Fundación Universidad del Valle, en Cali. Fue una excelente oportunidad para adquirir conocimientos relacionados con el manejo de emociones, miedos, fobias, frustraciones; entre otros. Aprendí que nuestra mente siempre está en automático, y todo lo que hacemos ya está condicionado a seguir determinadas rutas, a través de nuestro cerebro. Con la reprogramación, lo que se busca es cambiar esa ruta de pensamiento. Podemos grabar alguna información repitiéndola por veintiún días. En las personas mayores, el número cambia; se debe hacer repeticiones entre treinta o cuarenta veces, para poder cambiar un patrón de pensamiento, crearlo o reprogramarlo.

A medida que avanzaba el curso, iba adquiriendo herramientas y conocimientos necesarios para hacer los cambios en mi vida. Como era más práctico que teórico, era interesante ver que en tan poco tiempo, se iban presentando transformaciones. Recuerdo mucho a una compañera que le incomodaba demasiado las personas que se cortaban las uñas en su presencia. Le hicieron el siguiente ejercicio. Primero tenía que cerrar sus ojos y después pensar en que tenía al frente a alguien que se estaba cortando las uñas. Después de unas cuantas respiraciones, metía ese pensamiento en una burbuja y desde su corazón le trasmitía un color, un aroma, una emoción diferente. Las personas que estábamos a su alrededor, veíamos como su rostro cambiaba; estaba sonriendo y se veía calmada, poco a poco esa burbuja con su mente la tenía que tirar hacia atrás. Era una forma de despojarse de las reacciones que había tenido por años.

Otra herramienta que me causo mucha curiosidad, fue la técnica del espejo; según nos dieron a entender, era utilizada en las entrevistas de trabajo. El facilitador se sentaba en frente de la persona a la que entrevistaba e iba replicando de una manera muy sutil todos los movimientos, gestos, posiciones que el entrevistado hacía. Llego en un punto de la entrevista donde el rol cambio y el entrevistado, sin darse cuenta, empezó a repetir los movimientos que estaba haciendo el facilitador. La técnica se llama Rapport y es una forma de crear confianza con tu interlocutor cuando lo tienes en frente, también se puede utilizar en las llamadas telefónicas. El objetivo se logra cuando se maneja el mismo ritmo, timbre y el volumen de la voz de la persona con la que se está hablando.

Para enfrentar uno de mis grandes miedos que era hablar en público, me enseñaron que antes de salir al escenario me imaginara que entraba en una burbuja azul y que esa luz me protegería para no quedar expuesto ante las personas. Fueron varios meses compartiendo con excelentes personas y pude reconocer que había situaciones más complicadas que la mía. Disfruté mucho esta formación; a pesar de que mi pareja, en ese momento, creía que todo lo hacía para aprender a manipularla.

La última prueba me confirmó que la mente lo puede todo. Realizamos unos ejercicios de preparación mental en las horas de la tarde, ya casi entrada la noche encendieron un camino de brasas calientes al rojo vivo. Nuestra graduación consistió en caminar varias veces sobre ellos, yo no tuve ni una quemada, solo una cortada por el filo de un carbón.

Sin saberlo, me estaba adentrando a una de las mejores herramientas que me ayudaría en la reprogramación de mi mente consciente. En esta formación tuve la oportunidad de realizar mis primeras prácticas de meditación. Para mí no era fácil detener la mente, pero pude lograr momentos de relajación, era algo nuevo y bueno, una puerta para lo que vendría en los años siguientes.

En al año 2008 de nuevo inicié la búsqueda de empleo, pero ya con 41 años era una pequeña limitante en mi país, por estar fuera de los parámetros de contratación. En el segundo semestre logré ser contratado por una compañía que vendía camiones, era una nueva oportunidad. Estaba feliz porque era el momento de aprender técnicas relacionadas con ventas y tenía la esperanza de que me dieran capacitaciones, cursos, talleres, pero al final no fue así.

El que era mi jefe, una persona mucho más joven, me dijo: "con esa hoja de vida y esa experiencia no es mucho lo que te podamos enseñar". Terminando el periodo de prueba, no había vendido un solo camión, tuve que recibir apoyo para lograr realizar una venta que se hizo por medio de una licitación en la ciudad de Tunja (Boyacá). Debía ir a entregarlo personalmente, el veintitrés de diciembre. En la víspera de navidad era muy complicado viajar, y solo me daban viáticos para trasladarme en bus. Al final de cuentas otra persona realizó el viaje y por consiguiente se ganó la comisión.

En el año 2009, ya sin recursos y recibiendo ingresos muy bajos, la relación con mi esposa no era la mejor, debía meses de arriendo y no tenía la forma de asumir los gastos totales de la casa; ante este panorama tomé la determinación de irme de nuevo del país, regresaría a Estados Unidos en busca de oportunidades de negocios. Esta decisión sería el camino que me llevaría al divorcio.

Mi amigo, con el que había montado el primer *call center*, me recibió en su casa en Hollywood, Florida. El primer día me senté en el patio de la casa a charlar con él y le conté qué estaba pasando por un mal momento. Sentía como si el mundo se me hubiera venido encima. Después de una larga conversación hasta la madrugada, arreglamos el lugar donde iba a dormir. Su sala se convirtió en la habitación que ocupe por cinco meses, lo único que tenía era un colchón inflable.

Los fines de semana visitaba a mi tío paterno en Sunrise, en su casa tenía más comodidades, podía darme el lujo de dormir en una cama cómoda, amplia y con un colchón bastante confortable.

Al principio mi amigo me dio trabajo en su compañía, inicialmente iba a explorar el canal de venta hacia el mercado extranjero en los Estados Unidos, pero no era muy viable en la zona donde ellos trabajaban. Su socio se volvió mi mentor y me enseñó a hacer venta puerta a puerta, a entender la dinámica de la venta y como la gente compraba por emoción. Por lo general salíamos a trabajar después de las cuatro de la tarde, hasta las siete de la noche.

Fue una experiencia muy enriquecedora; donde llegaba, las personas me recibían muy bien, solían invitarme a seguir a sus casas, y tenían como costumbre ofrecerme algo de comida y bebida, especialmente si eran colombianos. Las personas en Estados Unidos se sienten muy solas, recuerdo que un día me quede casi una hora con un adulto mayor, aunque sabía que no compraría nada, en el fondo entendía, que él estaba buscando a alguien con quien conversar, por eso me quede. En todo este proceso descubrí que las ventas no eran mi fuerte, había semanas en que no hacía ni una sola.

Otro de los trabajos que realicé para la compañía, fueron los manuales de procedimientos para la operación de la empresa. En los manuales se explicaba el paso a paso de cada una de las operaciones de la compañía. La operación estaba soportada en la utilización de un software que ambos conocíamos desde el 2005, cuando existía la otra compañía que se declaró en bancarrota en el 2007.

La compañía de mi amigo se dedicaba a la venta e instalación de televisión satelital, en el área de Miami y sus alrededores. Su sistema de administración y de operación era tan eficiente, que el manager de la compañía, que suministraba la señal de televisión para el área de la Florida, le sugirió a mi amigo que le enseñara a las otras compañías como hacerlo. Él no podía regalar su *kwon-how* (como - hacer). A raíz de esto surgiría nuestro propio proyecto, crearíamos una nueva compañía.

MI PROPIA EMPRESA

Uno de mis grandes sueños era formar mi propia empresa. Todas las noches, después de hacer la venta puerta a puerta, llegaba y le dedicaba tiempo al nuevo proyecto, buscaba desarrollar y ajustar todos los procesos que se implementarían a través de nuestra nueva compañía. El treinta de junio de 2009 constituimos la empresa en Estados Unidos, por fin una alegría después de meses de sacrificios y sufrimiento. Pero todo no era color de rosa, mi esposa había intentado terminar nuestro matrimonio por Skype varias veces. Le pedí el favor que me dejara llegar a Colombia para hablar con calma. Regresé a finales de julio con la idea de montar nuevamente el *call center* y en agosto lo iniciamos. Al principio mi amigo permitió que utilizara las instalaciones del *call center* de su compañía en Cali, mientras terminaba de montar el mío. A mi esposa no le interesó nada del nuevo negocio; ella ya había tomado la decisión de separarse y no quería saber nada de las cosas que yo hiciera.

DIVORCIO

Hicimos nuestro primer intento de separación a principios de agosto, aunque había un poco de resistencia de parte y parte; pero la más decidida era mi esposa, no le interesaba luchar por nuestro matrimonio, se la pasaba en reuniones con los compañeros de la universidad, su tiempo ya lo dedicaba a estar horas enteras en internet y hablando por celular. Ya no me tenía en cuenta en sus planes. Fue muy duro su indiferencia. Me negaba aceptar lo que estaba pasando, en muchas ocasiones le mendigue amor y le rogué que no me dejara. Como último recurso intenté salvar nuestro matrimonio a través del famoso y recomendado Encuentro Matrimonial, pero eso fue un total fracaso. El viernes diecisiete de octubre de 2009, mi esposa tomo la determinación más sabia, aunque no estaba de acuerdo al principio, pero fue lo mejor para los dos, dio por terminado nuestro matrimonio.

Fue un proceso muy difícil, de mucha tristeza, frustración, sentía que estaba muriendo, era un dolor en el corazón, un vacío inmenso. Creo que viajé a lo más profundo del dolor, lloraba a escondidas de mis amigos y familia. Pasó un tiempo para recuperarme y sentirme del todo mejor, pero poco a poco fui sanando y saliendo de ese hoyo en el que estaba. Mi familia y amigos fueron el mayor apoyo que tuve, no hablaban del tema y no opinaban nada, solo escuchaban lo que quería contar, volví a recuperar mi esencia, a disfrutar del día a día, se fue quitando la tristeza, compartía más con mi familia y mis amigos.

A través de las terapias que realicé con una psicóloga para el manejo del dolor y las emociones que causaban una separación, comprendí que nuestra relación se había convertido en algo cíclico, es decir, que veníamos dando vueltas en el mismo conflicto. La decisión que ella había tomado era la mejor. No sé si se lo manifesté, pero fue una mujer muy valiente y sabía que lo más conveniente era acabar con una relación que no tenía futuro.

El trabajo se convertiría en mi mejor aliado, encontré un escape y trabajaba hasta altas horas de la noche. Ya sin compromisos y soltero podía darme el lujo de mirar hacia otro lado. Una de las personas que trabajaba para mí, a quien llamaremos Valery, empezó a mostrar interés y a preocuparse por mi estado emocional. Al poco tiempo empezaría una relación sentimental con ella; la diferencia de edad para ella no era relevante. Debo aceptar que no esperé el tiempo suficiente y no le hice el duelo a mi separación.

Esta joven mujer que había aparecido en mi camino hacía que me sintiera vital, como si me inyectara su juventud. Aprendí a disfrutar de las cosas sencillas de la vida, a romper tabúes que nos crea la sociedad. Su vida empezó a girar en mi entorno, ella lo disfrutaba, le encantaban las reuniones de mi familia, a los que bautizó como "La Corte".

Fueron dos años y medio donde disfrutamos plenamente esta relación. Me convertí en su proveedor. Le pagaba los estudios, el arriendo, le compré una moto, le daba todo lo que ella quería, mi interés era que estuviera bien y se forjara un futuro a través de la educación. Por algún tiempo siguió trabajando conmigo, así que estábamos juntos todo el día. Por una crisis que hubo en la empresa tuve que decirle que era mejor que consiguiera otro empleo, y al poco tiempo logró conseguir trabajo en un hotel.

De un momento a otro las cosas entre los dos empezaron a cambiar, Valery se fue distanciando, ya no era tan atenta y cariñosa. Había fines de semana que no nos veíamos; la razón era que salía con sus compañeros del hotel. Ella cuando vivía en Europa tenía una vida algo agitada, trabajaba en la radio, estaba acostumbrada a salir, a bailar, y a beber; algo normal para su edad, lo disfrutaba y lo había dejado desde que empezó la relación conmigo. En una oportunidad fui por ella para llevarla a estudiar, la encontré en la casa de su mamá; tomando con unos amigos del trabajo. Ya no estaba interesada en seguir asistiendo a las clases. Esa fue la gota que reboso la copa. Por todas las situaciones que se estaban presentando, decidí terminar la relación. Así que sin dar más vueltas para el siguiente día, en que se celebraba el día de la madre del año 2012, todo se acabó y en malos términos. Aunque nunca hubo maltrato físico o verbal, si de alguna forma psicológico, me sentí maltratado y pisoteado.

Las redes sociales se convirtieron en mi tormento, porque ella posteaba todo lo que hacía. En su muro escribía indirectas, sus palabras daban por hecho que yo fui la peor persona que había pasado por su vida. Se convirtió en una guerra emocional, y todo era una mentira; lo único que hice fue darle un lugar especial en mi vida, la ayudé y apoyé, la presenté con mi familia, la motivé para que estudiara y obtuviera un título. Fue una decepción muy grande.

Desde ese día decidí nunca seguir a ninguna de mis parejas a través de las redes sociales. En menos de un mes ella ya tenía otra persona, según ella, era la persona que siempre había esperado. Fue muy duro, un golpe más para mi ego. Había demasiado sufrimiento, aparecía la culpabilidad, las preguntas sobre en qué había fallado como hombre, como pareja. Me aislé y encerré de nuevo en el dolor. Estaba haciendo dos duelos al mismo tiempo, el de mi matrimonio y el de mi noviazgo. Un sufrimiento difícil de sobrellevar. Me SATURÉ de sufrir.

INICIOS, EL DESPERTAR

LA BÚSQUEDA

Para tratar de estar con la mente ocupada y dejar tanto drama, decidí ingresar a la Universidad Javeriana en Cali a estudiar un diplomado en Neuromarketing, también estaba buscado abrir mi círculo social. Fue uno de los mejores diplomados que he tenido la oportunidad de realizar.

El profesor era excelente y tenía un dominio del tema increíble, el contenido del diplomado era preciso y relevante. En sus primeras clases nos enseñó lo que era la manipulación de las necesidades humanas; con el objetivo de incrementar las ventas de los productos.

Nos habló del glutamato monosódico, una sal que supuestamente llevaban las carnes de hamburguesa que vendían algunas de las grandes cadenas de comidas rápidas, con la cual se creaba la adicción a las hamburguesas. Por supuesto, estas cadenas de alimentos lo negaban. Aprendí que los centros comerciales, usaban dispersores instalados en los techos; aplicaban fragancias en el ambiente para que las personas caminaran más lento, y pasaran más tiempo en ellos; era la forma para que se antojaran de hacer más compras.

Se estudiaron muchos casos y teorías, de cómo, a través de los años, las grandes multinacionales iban creando futuros consumidores de café, cerveza, entre otros. Durante el diplomado se hizo mucho hincapié en cómo, a través de la manipulación del reptilico, se lograba influenciar la mente de las personas. Como el uso de la imagen de una serpiente, en algunos escudos de marcas comerciales, tenían el mismo objetivo, influenciar en la mente del comprador, un ejemplo de eso era la serpiente en el emblema de Alfa Romeo.

Disfruté mis clases al 100%, el objetivo de conocer nuevas personas no se logró, pero el hecho de aprender y adquirir conocimientos no tenía precio. Siempre había escuchado de las conspiraciones de las multinacionales, pero tenía resistencia a creer. Con el diplomado entendí, que ya no era una creencia, era una realidad con bases científicas que lo soportaban.

Fuera de las clases que recibía, también buscaba programas que me entretuvieran; para sobrellevar el duelo que estaba atravesando, y encontré en el canal corporativo del proveedor de cable, una entrevista, a una canalizadora paisa que estaba hablando de ángeles, utilizó una palabra que tenía mucha resonancia en mí: *Causalidad*. Ella contaba su historia y porque había llegado a ser quien era en ese momento; una canalizadora de ángeles. Su entrevista me causó mucha curiosidad y empecé a seguirla por YouTube.

Me enganché con su información, tanto así que apenas supe que iba a realizar una canalización con ángeles en un hotel en Medellín, me inscribí sin pensarlo. A la semana ya estaba viajando a Medellín. Lo que más esperaba del taller era recibir algún mensaje de los ángeles, tenía mucha curiosidad, pero no me dieron ningún mensaje, no era el momento de que me hablarán, pero si vi cómo otras personas los recibían. Todo había conspirado, y había viajado a ese lugar sin ninguna complicación, sentí un gran impulso para tomar ese taller. La enseñanza, era conocer que los ángeles eran seres de luz y se conectan con las personas para ayudarlas y apoyarlas.

TAROT TERAPÉUTICO

El Universo seguía conspirando para que tuviera un acercamiento con temas de ese estilo. Por circunstancias de la vida, uno de mis mejores amigos, Kike, también se acababa de separar de su esposa y se vino a vivir al norte de la ciudad; cerca de mi casa. Así que para acompañarnos, nos reuníamos los fines de semana a ver fútbol por televisión, éramos hinchas del glorioso deportivo Cali. Él, también estaba exclusivamente dedicado a su búsqueda espiritual, y me compartía información de lo que estaba leyendo, estudiando o practicando.

A la novia de mi amigo le gustaban los temas esotéricos y espirituales, según lo que él me contaba, tenía una forma de ver la vida muy particular y algunos la tildaban de loca. Los fines de semana siempre estaba en retiros, fincas, o en cursos de cosas raras. Un día mi amigo me mostró un papel con publicidad de lo que estudiaba su novia, era algo relacionado con la Escuela de Magia del Amor. Le pregunté "¿qué era eso de Magia?", no supo darme una respuesta. Al leer la publicidad que me había mostrado, no encontré nada interesante, era algo sin sentido para mí.

Para la final de la Eurocopa de fútbol de ese 2012, por fin tuve la oportunidad de conocer a Atenea, la novia de mi amigo, me cayó muy bien; apenas se terminó el partido, me preguntó si me gustaría hacer una terapia de tarot terapéutico; inmediatamente le pedí que me explicara de que se trataba.

Fue a través del tarot terapéutico, que encontré algunas respuestas sobre lo que había sucedido con mi última relación, logré comprender su forma de actuar. Así que escuché detenidamente los mensajes que me estaban dando en ese momento y pude encontrar un sentido lógico al sufrimiento que estaba viviendo.

No recuerdo mucho las figuras del tarot que me salieron, solo tengo presente la imagen de una de las cartas en particular, la que la representaba a ella. Era una mujer guerrera, de pelo negro, mirando hacia un costado por encima de su hombro, y detrás de ella, se veía unas copas caídas en el piso, con unos estandartes de banderas alrededor. Según la interpretación, a mi ex pareja, Valery, no le importaba el pasado, ni lo que había vivido. Todo lo quería dejar atrás, y enfocarse en sus nuevos proyectos, metas y sueños.

Desde ese momento, empecé a trabajar con Atenea el tarot terapéutico. Nos reuníamos semanalmente, fueron largas terapias que duraron un buen tiempo. A través de ellas logré identificar algunas cosas de mis orígenes. Uno de los primeros trabajos que realizamos fue un proceso de sanación y perdón por cosas del pasado con mi familia. El proceso se hizo con mi círculo familiar cercano, no con el árbol familiar completo. Las terapias eran interesantes, y a veces teníamos que recurrir a técnicas de PNL para poder disociar mi mente.

Por ser una persona tan racional y por mi formación como ingeniero, no era fácil detener los pensamientos. Siempre estaba observando, analizando y calculando. Pero la terapeuta era muy recursiva y utilizaba diferentes métodos. Gracias a uno de ellos, en una regresión al útero de mi madre, la mente cedió, e identifiqué algo que había marcado mi vida y no lo sabía, fue un momento con mucha carga emocional.

Ese día lloré como un niño pequeño, descubrí que por ser gemelo; y ser el mayor, era "un niño no esperado". En los gemelos, el segundo en nacer es el mayor, porque es el primero en formarse, igual puede que sea una teoría, pero en ese instante era válida por el proceso que estaba llevando. Para la época de mi nacimiento, a finales de los años 60, los exámenes médicos o de laboratorio no eran como los de ahora; que permiten determinar el sexo, enfermedades, etc. Nadie sabía que éramos dos. A mi madre se lo dijeron en el momento del parto, mi padre se enteró de manera diferente, cuando él estaba en la sala de espera, vio la luz azul que informaba el sexo masculino, prenderse dos veces, él pensó que era un fallo eléctrico, su sorpresa fue cuando la enfermera le avisó que alistara la ropa para el otro hijo, porque eran dos. No me puedo imaginar su cara de asombro y de preocupación.

Todas las personas tenemos una memoria psicológica o de personalidad, la cual empieza a registrar todos los sucesos de nuestras vidas, desde el momento de la concepción. Por eso es tan importante el cuidado de la salud física y mental de la madre durante el embarazo, porque todo queda registrado. Ahora también se busca que los nacimientos sean lo más natural posible. Se está identificando que se crean traumas de violencia cuando nacemos, porque somos tratados en algunos casos sin el cuidado adecuado. Somos forzados a salir algunas veces de forma muy traumática.

Los eventos que sucedieron en la sala de parto quedaron registrados en mi memoria psicológica: el trauma de mis padres por haber tenido hijos gemelos y el desconcierto del médico y enfermeras, me llevaron a realizar una terapia con Atenea; donde logré sanar la situación de mi nacimiento; perdonar a todos los involucrados en el proceso. Por situaciones de la vida, tuve que dejar las terapias con ella.

LA ESCUELA DE MAGIA DEL AMOR

Gracias a Atenea, empecé a asistir a unas conferencias que dictaban en el salón comunal de la iglesia La Santa Infancia, en el barrio Miraflores de mi ciudad. Como las dictaban en una iglesia no le encontré nada malo. El primer tema que dieron se titulaba, *"Las leyes de la vida diaria"*, de entrada, debo reconocerlo, no me enganche, pero la persona que dictaba la charla volvió a utilizar la palabra mágica: *Causalidad*.

Atenea, realizaba las grabaciones de las sesiones y me las prestaba para que pudiera escucharlas; poco a poco les fui encontrando el sentido. Un día ella me compartió una copia de los audios originales de la persona que había canalizado esta información, se llamaba *"Aceptologia"* de Gerardo Schmedling. Un personaje admirable con una sabiduría infinita; nos dejó ese regalo para usarlo y crecer como personas.

Con la Aceptologia, sucedió que cuando empecé a escucharlos me di cuenta que la numeración de los audios no correspondía a la secuencia de la información. Por mi rigidez mental, con el orden, tenía la tendencia de organizarlos en la secuencia correcta. Como eran tantos, empecé a transcribirlos en un cuaderno y así encontrar el orden lógico. Fue un trabajo de casi cuatro meses, me absorbió de lleno y me olvidé del mundo entero.

La **Escuela de Magia del Amor** fue una información que canalizó el pedagogo y filósofo colombiano, **Gerardo Schmedling Torres**. Él hablaba de su maestro y por alguna información que recibí hace algunos años descubrí que el maestro ascendido al que él hacía alusión, era *Saint Germain*.

Tratar de describir que es la Magia del Amor no es fácil. Gerardo Schmedling con la ayuda de su pareja, estructuró y organizó la información en 13 módulos para que fuera enseñado por sus discípulos. Estudiar la Magia del Amor no es solo ir a unas charlas y escuchar los mensajes, es integrar esa información a tu forma de vivir, es ser coherente con lo que se habla en los módulos, a ser un ejemplo de vida para otros.

Las enseñanzas de Gerardo no estaban basadas en dogmas, doctrinas, religiones, ni rituales; además siempre aconsejaba a sus seguidores a comprobar lo que él decía. **"Cada verdad se debía asumir, comprender y hacerla parte de la conciencia"**.

Desafortunadamente, siempre ponemos resistencia a lo que estamos aprendiendo como nuevo. Estamos impregnados de paradigmas, e inmersos en una cultura y sociedad que nos impone estilos de vida. Cuando estamos en frente de nuevas teorías empezamos a cuestionarlas.

En ese momento, cuando estaba estudiando todo lo relacionado con la Magia del Amor, conocí a una joven mujer que me presentó Atenea; quien estaba decidida a conseguirme una pareja. Al principio me rechazó por la edad, al tiempo empezó a llamarme y salimos por unos meses, la relación no paso a mayores; fue más basada desde la carencia, que desde el amor; sin trascendencia. Me dejó una gran enseñanza; entendí que *el amor no se tiene que buscar y menos forzar; es algo mágico, aparece sin pensarlo y en el momento menos inesperado; entre más lo persigas, más se aleja.*

Entre más escuchaba los audios, más me conectaba, y vibraba con esa nueva información que me había llegado por correspondencia. Claramente, entendía que no era para todo el mundo, porque no estaban preparados para recibirla. Se debía compartir si alguien la pedía, de resto no se debía hacer. Aunque era consciente de esto, fui un poco terco y traté de compartirla con mi hermano gemelo; quien la copió, la guardó en una memoria y nunca saco el tiempo para escucharla.

La mayoría de las personas nos dejamos seducir por una sociedad de consumo, y por las exigencias de un mundo que nos dice como tenemos que ser, que debemos hacer, cuál es la mejor forma de comportarnos. Seguimos un manual y como piloto automático vamos tomando decisiones siempre pensando en cómo vamos a lograr el éxito.

En mi caso siempre seguí las ideas que mi familia me vendió, como estudiar, ser profesional, obtener un máster, un doctorado; entre más títulos mejor. Me tenía que casar, tener hijos, comprar una casa, un carro, obtener el cargo de gerente de una multinacional, ahorrar para el estudio de los hijos y obtener la jubilación. Eso era lo que tenía que cumplir y hacer aquí en la tierra. Pero no hubo una escuela que me enseñará que el verdadero sentido de la existencia era crecer como seres espirituales y completar nuestro archivo de conciencia, que es el que trasciende en el momento de nuestra muerte.

> *«Ya lo decía Rousseau: "el hombre nace bueno y la sociedad lo corrompe", los niños cuando nacen y encarnan en esta tierra, vienen con una conciencia limpia y son inocentes. Sus conocimientos son puros. Los adultos cohíben a los niños im-*

poniéndoles sus formas de pensamiento y de hacer las cosas, no les permite desarrollarse libremente y potencializar sus talentos. Cuando no se comportan como los adultos quieren, los castigan e inician un proceso de sometimiento a la cultura. Sin percatarse que se deben corregir y hacerles ver cuando están cometiendo alguna mala acción. Pero el uso inadecuado del lenguaje va creando registros de información que los condicionan.

Las palabras tienen poder, y muchos padres no saben el mal que pueden hacerles a sus hijos. Les infunden miedos, fobias, les fomentan traumas y les enseñan a sentirse frustrados frente algunas situaciones. Partiendo que los hijos ven a sus padres como un ejemplo a seguir. Se escuchan algunas teorías que cada ser que nace en la tierra escoge a sus padres y a las familias donde quieren nacer, según los aprendizajes que se vienen a trascender. (Escuela de Magia del Amor, Gerardo Schmedling T, Módulo: Trascendiendo las limitaciones) »

En mi caso llegué a la Escuela de Magia del Amor, porque quería hacer cambios trascendentales y ya no quería seguir sufriendo. Cada quién llega por diversos motivos; por procesos más traumáticos como una enfermedad, una pérdida de un ser querido o una bancarrota, por nombrar algunos. Reconocer cuando es el momento de abrir la mente para hacer transformaciones, no es tan fácil de determinar.

Gracias a todo lo que aprendí, empecé a cambiar mis creencias por verdades y a comprobar la información, sin asumirla como cierta. Ante las situaciones que pasaban, ya me preguntaba él ¿para qué?, y no el ¿por qué? Tenía una mirada más profunda y enfocada en el aprendizaje. Cambié mi papel de víctima por el de protagonista, me reconcilié con mi pasado; ya no me preocupaba, igual no lo podía cambiar. Tomé la determinación de estar más en el presente, en el ahora y logré aprender a aceptar las cosas como son; a no controlar nada de lo que pasara.

Gracias a la información de Escuela de Magia del Amor, pude soltar dos temas en los que gastaba mucha energía y tiempo. Temas que no podía cambiar, ni controlar, no me correspondía. Uno era la forma como conducía la gente, peleaba todo el tiempo porque infringían las leyes, y no entendía que era su elección y no la mía. Era tanta mis críticas a los problemas de tráfico, que escribía sobre ello y un periódico de mi ciudad los publicaba, porque los enviaba desde Baton Rouge (LA). Pensaba que podía cambiar algo del sistema.

Otro tema que me hacía sentir mucha rabia y frustración fue el de la política. Era tanta mi obsesión que en 1998 programé una página en HTML, con toda la información del proceso 8000; se llamaría *www.corruptos.com.co*, la idea era crear una herramienta de búsqueda para que no se hicieran contrataciones con los honorables políticos de la patria. Gracias a Dios nunca la subí a la red, porque con la situación de violencia del país, hubiera podido estar en peligro.

El nuevo camino y la nueva información que había encontrado me permitió sobrellevar muchas crisis, para muchos podrían ser sin trascendencia; pero en mi caso me afectaban. Cuando cumplí los 40 años, veía hacia atrás y me percataba que no había logrado ni la mitad de lo que me había propuesto. Además, me comparaba con los demás y veía que la mayoría de amigos y familiares tenían su vida resuelta; una familia, hijos, estabilidad laboral, e independencia económica. Me sentía que era menos y afectaba mi autoestima. Pero cuando me abrí a aceptar que soy un SER espiritual, único e irrepetible; con un propósito para cumplir, entendí que tenía que pasar por aprendizajes para crecer y evolucionar. Todo tiene su momento y su tiempo preciso. Como lo escribo a lo largo del libro, no es fácil, pero si posible. Se requiere entrenamiento y práctica.

Estando un día en mi oficina tuve la oportunidad de evidenciar una de las leyes que había aprendido con la Escuela de Magia del Amor, *La ley del dos*. Los negocios no estaban fluyendo como esperaba, había quedado con pocos empleados y muchos de los clientes habían prescindido de mis servicios. Tenía un dilema, no sabía si cerrar, o continuar con la oficina. Sentado en la terraza, admirando la ciudad y el verde de los árboles que rodeaban el edificio, lancé la pregunta al Universo, ¿qué hago, debo cerrar o no mi oficina? Casi instantáneamente sonó el teléfono, era un nuevo cliente que requería de mis servicios, mi cara de sorpresa e incredulidad era única. Desde ese día, siempre antes de tomar una decisión, la consulto y al final recibo las señales para saber cuál es el mejor camino.

CERRANDO CICLOS

Como la vida siempre da segundas oportunidades, volví a reencontrarme con mi exnovia Valery. Ella estaba buscando urgentemente un trabajo adicional por horas, necesitaba cubrir algunas deudas que había adquirido a lo largo del último año. Nosotros, habíamos vuelto a ser amigos y no vi ningún problema en darle la oportunidad de trabajar nuevamente en mi oficina. Debido al acercamiento, volvimos a restablecer nuestra relación después de un año; pero esta vez desde otro nivel de conciencia. Igual, antes de cualquier cosa, le hice la pregunta al Universo, si yo debía volver o no con ella. Aunque hubo cosas diferentes, seguía siendo su proveedor. Le ayudé a salir de sus problemas financieros, cancelé la deuda del carro que había comprado el año anterior gracias a su nuevo novio; por el que me había dejado, cosas de la vida. Le pagué su Visa para los Estados Unidos y hasta le patrociné el viaje para al matrimonio de uno de sus hermanos. Nuevamente, estaba dando más de lo que recibía.

En noviembre ella viajaría un par de semanas al matrimonio de su hermano, a su regreso, era otra persona, lo que me enfrentó de nuevo a mis inseguridades, celos, desconfianza, etc. Había perdido mi ***llamada al tablero***, en esa parte. Cuando menciono la llamada al tablero; me refiero a que el Universo nos mandará pruebas para superar, para confirmar si integramos el aprendizaje respecto a alguna situación.

Esta vez la relación terminó de mutuo acuerdo, pero en buenos términos. Entendí que ella había regresado a cerrar correctamente nuestro ciclo. *Las relaciones se deben cerrar desde el Amor, sin resentimientos, odios, ni nada por el estilo. Es importante agradecer por todo lo sucedido y por el tiempo en que estuvieron juntos.* No hay cosas buenas o malas, solo aprendizajes que nos da la vida. Muchas de las parejas que nos llegan, son entrenadoras, están cumpliendo una función o un compromiso de almas.

En la navidad del 2013, me había quedado solo en la ciudad; la tía, mi madre y mi hermano mayor se habían ido a los Estados Unidos a pasar las fiestas de fin de año con mis sobrinos en Omaha, en el estado de Nebraska. Ellos querían vivir la navidad blanca, pero debido al cambio climático, les tocó una de las navidades más frías en muchos años. Mis amigos estaban preocupados porque yo estaba solo en mi casa y acababa de terminar con Valery, pensaban que estaba devastado, deprimido o algo por el estilo. Me sentía triste, pero entendía que era lo mejor. Cerraba un ciclo en mi vida.

EL INICIO DEL TRABAJO ESPIRITUAL

Para la noche del veintisiete de diciembre del 2013, había salido a tomar unas cervezas a un centro comercial con mis amigos, ellos no podían creer lo que veían, me encontraba tranquilo; aunque hacía poco tiempo acababa de terminar con Valery.

Al regresar a mi casa, me recibieron mis dos perros, como siempre se alegraban al verme, movían sus colas de un lado para otro, eso me confortaba. Las mascotas son una gran compañía para momentos en donde nos sentimos solos. En la noche, cuando me acosté, sentí que debía hacer un ritual que tenía como costumbre, lo había aprendido de Gerardo Schmedling. Hice algunas respiraciones, me relajé e invoqué a mis guías espirituales y seres de luz. Comencé a pedirle al Universo que se manifestara lo que estaba pidiendo y con la plena convicción que se daría en el momento justo. Empecé a repetir afirmaciones como: *"Acepto que estoy listo para recibir la pareja que el Universo ha dispuesto para mí"*, la pareja para ese momento de mi vida.

Como por arte de magia, el veintiocho de diciembre, día de los santos inocentes para los católicos, en las horas de la mañana recibí la llamada de Caty, era una conocida, me la había presentado un amigo unos meses antes. Su teléfono lo tenía en mis contactos, porque un amigo me había dado su número telefónico. Como él sabía que yo andaba en una búsqueda espiritual, pensó en ella, quien tenía muchas cosas en común conmigo y en algún momento podríamos retroalimentarnos en esos temas. Ella me había llamado para agradecerme por un mensaje que le había enviado el día veinticuatro, deseándole una feliz navidad.

Ese mismo mensaje se lo había enviado a toda mi lista de contactos. Estuvimos un largo tiempo hablando por teléfono, y al final decidimos que sería bueno encontrarnos, quedamos de salir esa misma tarde. Fui por ella a su casa, y como buen caballero le abrí la puerta del carro, nos saludamos como si nos conociéramos de toda la vida.

Cuando estaba en el carro a punto de arrancar, ella me entrega un sobre blanco y me dice: "te traje un regalo". Fue toda una sorpresa, al abrirlo encontré un cristal blanco. Le pregunté ¿qué por qué lo hacía?, y respondió: "los ángeles me dijeron que te lo diera". Siempre me había resistido mucho a creer en los ángeles, hasta el momento en que la conocí, me enseñó que los ángeles eran muy colaboradores y les podíamos pedir todo lo que quisiéramos.

También le había llevado algo para compartirle y le dije: "lo único que yo tengo para ti, es una información que te va a gustar e interesar, porque sé que te gustan los temas espirituales,". Le hablé de la Escuela de Magia del Amor y me dijo que si conocía de Gerardo Schmedling. Le comenté que siempre llevaba conmigo la información de Magia en una memoria y que quería compartirla con ella. Lo encendí, y el primer audio que se escuchó, preciso, hablaba sobre la limpieza de los cristales. Desde allí empezaría una cascada de sincronicidades.

Estábamos en plena feria de Cali y terminamos sentados en las Tascas de la feria, ese año estaban instaladas al lado de las oficinas de la alcaldía en el Centro Administrativo Municipal (CAM). Hablamos por horas, hasta me acompañó al apartamento de mi madre a alimentar y pasear los perros. Luego la dejaría en su casa.

Para el treinta y uno de diciembre, la invité a uno de mis rituales de fin de año, que consistía en ir al río Pance con mis amigos más cercanos. Almorzamos, después nos bañamos en el río, con jabón azul ecológico. Al final, cada uno agitaba y abría su botella de champagne y la esparcía a todos alrededor. Ese año no usaríamos ningún riego de limpieza, ya que el año anterior algunos se habían manchado la piel; se habían dejado el riego en el cuerpo mucho tiempo expuesto al sol. Los riegos siempre me habían gustado, para hacerse una buena limpieza de energías. Caty había llevado unas piedras para que las ofrendáramos al río por nuestros deseos. Llevaba lápiz y papel para que escribiéramos nuestros propósitos para el nuevo año. Esa invitación le había encantado, ya en la noche cada uno pasaría con sus respectivas familias.

El primero de enero nos fuimos a almorzar por fuera de la ciudad, no teníamos una ruta definida. Terminamos almorzando por la carretera al mar, a la altura del Kilómetro 18 y de regreso nos vinimos por el lago Calima, a pesar de que ella era casi vegetariana, comimos un plato típico conocido como vianda, lleno de carnes. Todo transcurrió normal durante el almuerzo, pero en el camino al lago, empezamos a darnos cuenta que teníamos muchas cosas en común, el tiempo pasó volando, parecía que éramos uno para el otro, la sincronicidad nuevamente era perfecta. Ella era la persona que andaba buscando en ese momento de mi vida y yo era el hombre "ideal" para ella. Llegamos al lago a ver el atardecer como un par de adolescentes fundidos en besos y abrazos. Ninguno de los dos quería que ese día terminara.

Empezamos una relación, ella estaba sola, sus hijos se habían ido con su padre en un viaje por los Estados Unidos. Teníamos todo el tiempo para nosotros, para conocernos, hablar de los procesos espirituales. Me compartió parte de sus lecturas, intercambiábamos libros, me enseñó el significado de los mandalas, sus rituales; especialmente los que hacía con los ángeles. Les tenía un bonito altar en su casa.

ÁNGELES

El primer libro de los ángeles que leí fue *Pon el cielo a trabajar para ti* de Jean Slatter. La información me la dieron en una charla sobre sanación con ángeles, me había invitado mi amigo Kike. Era un libro corto, pero muy bonito, donde te enseñan a hablar con ellos de forma directa, sin intermediarios; con un mensaje claro y preciso. Ellos son inocentes y siempre están dispuestos a escucharnos y ayudarnos en nuestros anhelos.

"Existen diversas legiones de ángeles, Arcángeles, Principados, Serafines, Querubines, Guardianes, los Tronos; cada uno tiene dones y funciones aquí en la tierra. Podemos encontrar un ángel para las finanzas, otro para el amor, para la salud, para pedir sabiduría, para los negocios. Ellos ayudan a todo el mundo; solo tenemos que invocarlos y ellos están listos para ayudarnos. Son inocentes, no juzgan a nadie, solo reconocen la esencia del SER que es la misma para cada ser humano". (Ver nota bibliográfica)

Empecé a tener un contacto más estrecho con los ángeles, hablaba con ellos, les contaba lo que quería, y poco a poco, logré con su ayuda e intercesión que llegaran más clientes a mi negocio y también, pude vender uno de mis carros. Según Gerardo Schmedling todos los seres humanos tenemos a nuestro lado tres ángeles que siempre nos acompañan. El de la guía, nos muestra el camino a seguir; el de la guarda, nos protege para que no nos suceda nada; y el de la ley, no nos permite que vayamos en contra de la ley del Universo.

Gracias a los libros que ella me prestó, entendí como se comunicaban los ángeles. En mi caso, era a través de los números. Enviaban mensajes por medio de las placas de los carros, la hora en relojes digitales, la nomenclatura de las casas. Eran secuencias de números repetidos. También me sucedía a menudo que me encontraba plumas, era su forma de saludarme y de decir que estaban conmigo. Siempre estaba pendiente y con los sentidos despiertos. Cada persona encuentra la forma de conectarse con ellos. Mi amiga parecía que tuviera una línea directa.

Otro de los libros que compartió conmigo y me pareció muy interesante fue *Conversaciones con Dios I* de Neale Donald Walsch. En la medida que lo iba leyendo y nuestra relación iba avanzando, encontraba partes del libro como si escribiera sobre nuestras vivencias. La información era parecida a la que hablaba Gerardo Schmedling, en su Escuela de Magia del Amor, pero con otro contexto.

Había mucha sincronicidad en lo que nos sucedía, en nuestra relación y en lo que estábamos viviendo como pareja. Un día, ella me mostró la lista de chequeo que había hecho con las características de la persona que quería como pareja; y le había pedido a los ángeles, su hombre ideal. Cuando empecé a leerla era mi fiel retrato, me estaba describiendo. No era muy conveniente pedir con tanto detalle, porque era una forma de pedir desde el ego.

Nuestra relación marchaba muy bien y nos entendíamos de maravilla, tenía muchas cosas que me gustaban de una mujer. Era una excelente madre, me trataba muy bien, cariñosa, había respeto, y siempre teníamos temas para hablar, especialmente los de espiritualidad.

Lo nuestro, parecía una relación de las novelas de Corín Tellado, era un sentimiento que solo lo había vivido alguna vez, con un amor platónico, pero este, era real, posible y sin restricciones. Ella cumplía mi ideal como mujer. Dios nos había unido, porque iba a ser mi pareja para toda la vida, pensaba yo.

El primer mes, fue espectacular, porque solo éramos ella y yo. Pero cuando llegaron sus hijos las cosas cambiaron y empezamos a alejarnos. Todo volvió a su rutina familiar, nos veíamos por ratos, y ella no contaba con tanto tiempo para compartir conmigo. Estaba dedicada al cuidado de sus hijos. Paso poco tiempo para que ella se fuera alejando, dejó de llamarme y de un momento a otro se distanció. La busqué y le pedí una explicación, era lo mínimo que me merecía, por el tiempo que habíamos pasado juntos.

Solo me miro a los ojos y me dijo que era un poco difícil de explicar. Me confesó que era por un motivo energético, sentía que mi expareja, Valery, estaba aún presente, podía percibir su energía y estaba segura que yo no lo había superado. Ese era el motivo para tomar esa decisión.

UNA NUEVA FILOSOFÍA DE VIDA

EL YOGA

Antes de terminar la relación, Caty, me invitó a una charla introductoria de un instructurado en yoga, se dictaría en la academia Vaisnava, en el templo Krishna de Cali; ubicado en una casa vieja, sobre la carrera sexta, a una cuadra de la plazoleta de San Francisco. En alguna ocasión había escuchado del yoga, pero nunca lo había practicado. Acepté la invitación, confieso que fui por curiosidad y para poder compartir más tiempo con ella. Me gustó más de lo que pensaba y empecé a practicar esa disciplina. Debo reconocer, que al principio todo era muy extraño para mí, llegué con una pinta deportiva, cuaderno y lápiz a la mano. Terminé sentado en un cojín en el piso y con personas usando pantalones bombachos alrededor, la pinta era lo de menos.

Sin ningún tipo de prejuicio, empecé mi instructurado, el cual, tuvo una duración de diez meses. Fue algo que cambió mi vida radicalmente. Logramos tener un cupo en el turno de los sábados en la mañana, era el mejor horario. Fuimos juntos a la primera clase, y seguía la relación de una manera muy romántica como un idilio. Para la segunda clase todo cambiaria, sentía su rechazo, allí, todo se acabó. La relación duró dos meses, era el tiempo en que teníamos que estar juntos, había llegado a mi vida a dejarme una enseñanza, y ya la había comprendido.

El propósito se había cumplido, igual también llegué a su vida para algo, pero solo ella lo puede reconocer. Al final, comprendí que nuestras almas se juntaron por ese corto tiempo, para que yo empezara a practicar el yoga. En algún momento llegué a pensar en ser amigos, pero no fue posible. Estaba pasando de nuevo, otra mujer se alejaba de mi vida; llevando en su interior, un sentimiento de rabia hacia mí. Nunca más la volví a ver, no volvió a asistir a las clases de yoga.

La clase me parecía interesante y la disfrutaba. Lo mejor de todo, fueron las nuevas personas que conocí por medio de este instructurado. La gran mayoría de mis compañeros venían con su propio proceso de despertar de conciencia. Durante este periodo del instructurado recibí muchas burlas de mis amigos, cuando les contaba lo que estaba haciendo. Me decían que cuando empezaría a levitar y que ya pronto me verían con cola y vestido de color azafrán, cantando mantras en el centro. Es increíble la cantidad de creencias que se tienen al respecto; hasta una vez, una persona me comentó que el yoga era malo, porque en la meditación se podía abrir un hueco por donde se podría escapar el alma. Trataba de hacer caso omiso a los comentarios y desde ese momento, dejé de contarles a los demás lo que hacía.

EL TRABAJO ESPIRITUAL

El primer día del instructurado, cuando estaba almorzando comida vegetariana en el restaurante del templo; se me acercó una de mis compañeras, a quien llamaremos Sol, me dijo: "yo te conozco de alguna parte", hasta la fecha no sabemos de dónde. Sol, era una mujer muy atractiva, practicante de yoga y llevaba años estudiando terapias para el desarrollo del SER. Establecimos una muy buena relación de amistad, y por casi dos años, estuvimos caminando juntos; siempre hubo mucho respeto entre los dos. A ella le tengo mucho aprecio, cariño y la más profunda gratitud por todo el trabajo que me ayudó a realizar.

Sol, me generaba mucha confianza, el segundo fin de semana nos encontramos y me preguntó mi fecha y hora de nacimiento. Me cuestionaba la razón de esa pregunta, pero sin dar tantas vueltas le di la información que me estaba pidiendo. En nuestro próximo encuentro de una manera muy directa me dijo *"tú tienes un trabajo muy fuerte para hacer con el dinero y está relacionado con tu padre"*. Eso me sorprendió bastante y a raíz de esto empezaríamos a hacer terapias.

Ella era terapeuta, estaba haciendo un curso de Astrología y acababa de terminar uno de formación Integral en terapias familiar sistémica. Con la fecha de nacimiento que me había pedido, revisó mi carta astral. Cada encuentro con ella, me permitía explorar los temas que tenía pendientes para trabajar interiormente. Sin darnos cuenta con el tiempo vamos acumulando emociones negativas en el subconsciente, creemos que no nos afectan, pero no es así. Es necesario realizar algún tipo de terapia o proceso para superarlas.

Las terapias eran muy variadas; Sol utilizaba diferentes protocolos y herramientas, algunas veces usábamos una silla vacía, en otro pintábamos mi silueta en un papel, hasta con muñecos llegamos a trabajar. En uno de tantos trabajos, recuerdo muy bien que identificamos cuáles eran los ciclos de mi vida donde había tenido pérdidas. Inicié con la pérdida de la abuela materna, luego un amor no correspondido, la muerte de mi padre y el último la separación de mi esposa en el 2009. Cada once años, enfrentaría una pérdida, ¿qué sería en el 2020?

Una de las actividades que más recuerdo, era la de la silla vacía. Era una técnica que nos ayuda a enfrentar duelos, limitaciones personales, o, situaciones causantes de malestar con otras personas. A través de la técnica, se busca recrear un diálogo con la persona con la cual se tiene algo pendiente o con alguna parte de la personalidad a trabajar.

La idea, es ponerse en frente de la silla e imaginar a la persona con la que tienes algo pendiente de aclarar desde el pasado. Se inicia haciendo en voz alta una descripción detallada para fortalecer la imagen imaginaria. En mi caso, recuerdo haber trabajado con mi exesposa; hice su proyección en la silla y la describí posteriormente. A través de este protocolo le pedí disculpas por cualquier cosa que le hubiera hecho y le hubiera causado daño. Con ella utilicé a lo largo de los años muchos más protocolos para sanar.

Otra de las actividades era por medio de unos muñecos de juguete. Tenía que recrear algunas situaciones de vida, se iniciaba realizando una narración del evento y por medio de las figuras recordar los sucesos más traumáticos; de esa manera, llegaba información que estaba en el subconsciente y hacía parte del suceso. Con este ejercicio se buscaba disociar la mente para encontrar algo más, y así, de manera más rápida, procesar el evento. A través de esta técnica, trabajé las relaciones; y me di cuenta de que siempre buscaba el reconocimiento de mis parejas para lograr sentirme bien.

El proyecto sentido; lo usamos para trabajar el tema laboral. La idea era recrear las situaciones desde mi nacimiento y recorrer todas las etapas para ir recordando todo lo relacionado a mi pasado. Para esta actividad se llevaba algo de ropa vieja, se acomodaba en el piso. En unos papeles se escribían todas las situaciones que de alguna forma me hubieran causado malestar, los papelitos se pegaban en la ropa. Por ejemplo, nombres de empleadores con los que hubiera tenido alguna clase de problemas, rabias, desaciertos, inconformidades, todas las experiencias negativas que me hubieran afectado o incomodado, algún disgusto con compañeros o jefes. En particular, sobre lo que más escribí fue todo lo relacionado con la situación en la naviera, el despido y la cancelación del contrato, algo que me parecía injusto.

El ritual por decirlo así se empezaba agradeciendo por todo lo sucedido, aunque en el fondo del corazón sintiera rabia e inconformidad. Agradecía a los empleadores por sus enseñanzas, por la oportunidad que me habían dado de trabajar en ese lugar, por todos los salarios recibidos, por todos los años donde pude vivir bien y cómodamente, en abundancia y prosperidad. Después de agradecer, el segundo paso, era decir en voz alta todo lo malo; y a la vez, debía ir rompiendo la ropa. Al final sentí un poco de liberación porque pude expresar mis sentimientos de ira y frustración por todo lo sucedido en la naviera. Para terminar el ritual, quemamos la ropa con los papeles, con el fin de transmutar toda esa mala energía.

La gran enseñanza que me dejaron estos ejercicios, fue que la mayoría de nuestras emociones negativas vienen de las situaciones del pasado, las relaciones familiares y las relaciones con nuestros antepasados. Todos son factores claves para descubrir porque suceden ciertas situaciones y porque tenemos que pasar por momentos difíciles.

Uno de los puntos que me interesaba resolver y quería entender, eran los motivos por los cuales yo no tenía una pareja. Porque si había sido un buen hijo, un buen esposo, bien educado, profesional, con valores y principios, siempre al final mis parejas me abandonaban. No era fácil aceptar que estuviera solo, me consideraba un buen partido, como suele decirse en mi país. Pero mi amiga terapeuta nunca me respondió, solo se sonreía.

SECRETOS DE FAMILIA

La relación con el dinero fue un tema para trabajar con mi terapeuta, en la carta astral aparecía algo que estaba pendiente y relacionado con mi padre. Aunque cabe anotar, que la información que recibimos respecto a la abundancia, es tomada de la madre. También, logré identificar que había parte relacionada con el recuerdo de mi abuela materna y el de los billetes nuevos que me regalaba. En mi mente siempre he tenido presente el billete de dos pesos, nunca he podido olvidar el día que me lo regaló; su voz la tengo presente cuando leía la información del billete. Eso se convirtió en la máxima expresión de riqueza.

Recuerdo una anécdota relacionada con el dinero. Uno de mis tíos, el hermano menor de mi mamá, acostumbraba a guardar monedas en su closet, las mantenía en un tarro de galletas metálico en los que venían los dulces de colaciones. Mi hermano gemelo y yo lo descubrimos y nos llenamos los bolsillos de monedas, en ese momento nos sentíamos ricos. Al llegar a la casa, nuestros padres descubrirían la pilatuna que habíamos hecho. Ya que colocamos los zapatos llenos de monedas al lado de nuestras almohadas. Nos castigaron y pegaron con la correa porque habíamos cogido algo sin permiso y eso era robo, nos tocó devolver las monedas a mi tío y pedirle perdón. Mi abuela siempre intercedía por nosotros y nos defendía, pero aquí no pudo.

Sin saberlo, aquí nos estaban anclando un mensaje, tener tanto dinero es malo, ser rico es malo. Por eso hay que ser muy prudente en el trato con los niños, porque en un instante se puede distorsionar la realidad de las cosas, ya que ellos no están en la capacidad de discernir la información. Este suceso lo trascendí a través de la *revisión*; es un proceso donde se reescribe el evento en forma positiva. Le dije a mi niño interior que el castigo que nos habían dado mis padres no estaba relacionado con algo malo. Es decir, con ser rico o tener dinero, si no con el acto de respetar las cosas ajenas.

Al poco tiempo de estos sucesos mi abuela muere. Nadie se tomó la tarea de decirnos que la abuela había muerto; solo recuerdo a mi madre contestando una llamada y su llanto de forma desconsolada. Nos hicieron vestir rápido y salimos directo para la casa de la abuela, su casa estaba llena de gente. Mis hermanos y yo, nos fuimos a hacer un tour por la casa como teníamos de costumbre. Al subir al segundo piso por la escalera de la parte de atrás de la casa, al lado de la cocina, en la última habitación, nos encontramos a mi tío, al que nosotros los gemelos le habíamos robado las monedas, él lloraba inconsolablemente recostado contra el armario de cedro, que tenía en su habitación.

Pasamos por las otras habitaciones, incluida la de mi abuela, y al bajar por la escalera del frente, pude ver que en la sala había una caja en el centro, con muchas flores y gente alrededor, nos dijeron que nos sentáramos y nos quedáramos quietos y en silencio. En ese momento no sabía que era un ataúd. Nunca más volvería a ver a la abuela. De alguna forma, con ella se estaba yendo la abundancia. Como terapia para trascender ese momento del pasado, me conseguí un billete de dos pesos el cual cargué por casi un año en mi billetera, la idea era tratar de recordar los sentimientos que me generaba cuando lo recibía de mi abuela. Fue así como surgió el gusto por los billetes nuevos, me encantaba su olor y no me gusta cargar billetes rotos o muy viejos.

La relación que hayan tenido nuestros padres con el dinero nos afecta directamente. La mayoría no somos conscientes de esto. Siempre he relacionado el éxito y la riqueza con el padre, la abundancia y la prosperidad con la madre.

A medida que iba trabajando mi árbol familiar, aparecían sucesos fundamentales para seguir avanzando y sanando. Antes de narrar el siguiente descubrimiento, que también está asociado con la relación que tengo con el dinero, quiero pedir disculpas a mis padres que están en el cielo, a mis antepasados, tíos y hermanos por hacer esto público.

Todo sucedió más o menos a la edad de 7 años, vivía con mi familia cómodamente en una casa en el barrio Vipasa en el norte de la ciudad de Cali. Era un barrio relativamente nuevo, fundado para los juegos panamericanos de 1971. Los vecinos eran parejas jóvenes con hijos de nuestra misma edad.

La casa era inmensa, tenía dos pisos con un patio gigante, era un sitio especial porque podía jugar con los perros, teníamos dos; un pequinés negro llamado Cuqui y un pastor alemán adiestrado llamado Capitán; el pastor alemán nos lo había regalado el amigo de una tía que era marino mercante. El perro se había caído del camarote del barco en el que viajaba y lo habían llevado a nuestra casa para hacerle las curaciones, nunca regresaría al barco, se quedó en nuestra casa. Además teníamos juegos metálicos de dos columpios con un balancín y aparte un rodadero. Para mí el patio era un lugar mágico. A nuestros padres les gustaba hacer reuniones, la casa siempre estaba llena de personas; eran bastante sociables. El vecindario era muy agradable y teníamos muy buena relación con todos los vecinos, hasta la fecha todavía tenemos contacto con algunos de ellos.

Un día viernes y sin previo aviso, nos llevaron un fin de semana a dormir a la casa de mis abuelos maternos, no era normal y como éramos niños teníamos que obedecer. El día domingo nos mudamos a una nueva casa, a otro barrio en el norte, se llamaba La Merced, las casas eran más pequeñas; fue un episodio traumático; porque nos tomó por sorpresa. El patio era más pequeño, solo se instalaron los columpios, el rodadero no cabía por lo que se tuvo que regalar, ni el perro pastor alemán se sentía cómodo, siempre se iba a la casa de Vipasa y le tocaba a mi padre ir por él a traerlo de regreso, no se acostumbraba a su nuevo hogar, y al final el perro se lo llevaron donde mis abuelos maternos, porque había un lugar más cómodo para tenerlo.

La nueva casa a donde nos habíamos mudado era de uno de los hermanos de mi padre, quien nos la vendió. Tenía la intuición de que algo había sucedido para que se hiciera el cambio. No recibimos muchas explicaciones. Se limitaron a decirnos que era porque íbamos a empezar a estudiar en un nuevo colegio; y por seguridad era mejor que viviéramos más cerca y no tuviéramos que atravesar la avenida tercera o autopista Cali- Yumbo, porque era muy peligrosa para los niños. Los dos barrios estaban separados por la avenida. Sabía que el cambio estaba relacionado con el trabajo que mi padre tenía en esa época.

Detrás de este evento, hubo algo que no cuadraba. Traté de conseguir información con mi madre y con mis tíos maternos, ninguno de ellos sabía qué había sucedido con el trabajo de mi padre. Pero como el Universo es perfecto, la información que necesitaba para mi proceso, llego. El hermano mayor de mi padre, que vive en Estados Unidos, acababa de llegar al país, me fui a buscarlo y lo abordé con la pregunta directa, le dije que si él podía decirme que había sucedido en esa época.

Su respuesta fue que por respeto a mi papá, se había comprometido a nunca hablar sobre ese tema, pero le expliqué qué era importante su respuesta, porque hacía parte de mi proceso de sanación. Se decidió a contarme lo que recordaba. Fue una experiencia de vida, que mi padre debía enfrentar con respecto al dinero. Su gusto por el juego lo llevó a hacer cosas indebidas con el dinero, nunca se robó nada, pero igual obtuvo un resultado no deseado. Perdió un excelente trabajo y fue algo que no pudo superar, lo marcó y fue su obstáculo para no tener éxito y prosperidad en la vida.

Mi padre, era una persona trabajadora, muy bueno en lo que hacía, fue un excelente profesional, tenía una carrera tecnológica en Administración de Empresas, le llevaba los libros de contabilidad a su hermano y le hacía la declaración de renta a muchos en la familia. Pero después de lo que le paso, él ya no se creía con derecho a ser exitoso y el dinero se convirtió en una preocupación. En mi concepto fue lo que lo llevó a enfermarse y a trascender a sus 59 años.

En el análisis y reflexiones que he hecho, este acontecimiento es un punto clave para superar. Me negaba a buscar el éxito por lealtad al padre, creía que no tenía el derecho a ser más exitoso que él. Para superar el condicionamiento, estuve trabajando con un libro *Secretos de la mente millonaria* de T. Harv Eker. En el libro se hace una descripción perfecta de lo que se hereda de los padres y como trabajarlo, es un libro muy conectado con la espiritualidad y enseña procesos para cambios de pensamientos, a través de la programación neurolingüística.

Mis hermanos y yo recibimos una educación que nos llevó a tener una mala relación con el dinero. Mi padre, utilizaba muchas frases que nos inducían a desaprobarlo. "El dinero no crece en los árboles", "ustedes creen que yo hago billetes", "el dinero no alcanza", "el dinero es difícil de conseguir", "hay que trabajar mucho para lograr comprar cosas" entre otras; sin saberlo programaba nuestro subconsciente.

Pero no se trata de buscar culpables, y menos responsabilizarlo de la vida que había tenido; yo la escogí. Así como a la familia donde nací, porque tenía un aprendizaje con el dinero. Cada persona viene a la tierra a cumplir un destino, una misión, una función y un propósito. Cada quien viene a superar sus propias pruebas. Comprendí que a mí no me correspondía lo mismo que a muchos de mis amigos y familiares. ***Cada uno viene a vivir procesos diferentes para evolucionar. Por eso nunca nos debemos comparar con nadie.***

No es que crea que sea especial; pero tengo la sensación de que fui elegido para sanar a mi clan (familia), y es una responsabilidad muy grande. Según mis aprendizajes, estoy sanando siete generaciones hacia atrás y siete generaciones hacia adelante. Soy la oveja negra del clan, el loco para muchos.

El papel de mi padre en la casa fue ser el proveedor, se limitaba a eso. Las decisiones las tomaba mi madre, ella era la del empuje. La mayoría de sus discusiones eran por dinero, porque nunca había suficiente o no alcanzaba. La verdad era triste verlo cuando estaba preocupado por el dinero, le mortificaba no poder cumplir con sus compromisos.

Con la lectura del libro *Secretos de la mente millonaria*, empecé a tener algunas luces o respuestas de las razones del porqué no había logrado escalar y obtener un mejor posicionamiento económico; a pesar de ser un excelente profesional, de la preparación que tenía y de ser considerado como el mejor empleado en los lugares donde había trabajado.

Aunque no me faltaba nada, quería estar más tranquilo y no vivir el día a día. Si no tener como ahorrar, viajar y darme gustos. De acuerdo a lo que había aprendido, sabía y era consciente de que en esta tierra no venimos a acumular riqueza; sino a trabajar en el SER. Ya que el TENER llega como respuesta al desarrollo del SER. No tendré muchas cosas materiales, pero sé que he tenido una vida con calidad.

SANACIÓN ANCESTRAL

Durante la época en que estuve en terapia con mi amiga Sol, trabajando el tema del clan familiar, me llegó una información a través del correo electrónico, la organizaba una de mis compañeras de yoga. Era de un taller de sanación ancestral con Gina Ardila, perfecto para el momento que estaba viviendo y que necesitaba para mi proceso de sanación.

El taller se realizó en agosto y fue muy enriquecedor. Respecto a su charla, recuerdo los siguientes puntos: todas las personas estamos amarrados a nuestro árbol genealógico, y tenemos que enfrentar situaciones que alguno de nuestros ancestros no pudieron superar. Nosotros como parte del árbol nos ofrecimos a darles una solución. También arrastramos cargas ancestrales por violaciones, robos, bancarrotas o como en mi caso, el secreto sobre mi padre. Todo afecta nuestra evolución y poder conocer tu historia ayuda a quitarle carga a nuestras vidas.

Cada persona tiene una posición en el árbol, la cual se debe respetar, a veces vemos como un hermano menor le quita el rol al hermano mayor, esto hace que el hermano mayor sea anulado y sus cosas se bloquean. Para quitar los bloqueos se recomienda devolverle las responsabilidades al hermano mayor y hacer un altar con las fotos de la familia en forma de árbol, esto ayuda a la mente a reconocer los roles. Se ven otros casos, como el de los hijos tomando el rol del padre o la madre. Los hermanos no nacidos, por aborto natural o forzado, también deben ser reconocidos. Todos hacen parte del clan.

Gina Ardila en el taller nos narró su historia de la relación con el dinero, y era muy parecida a la mía, quizás por eso vibre tanto con su información. Su protocolo para sanación con el árbol, me pareció muy bonito y muy acertado.

A la salida del evento, me compré un disco compacto con las instrucciones de ese protocolo para ponerlo en práctica. Una tarde en mi casa, en Dapa, lo realicé y se movió mucha energía, me asusté mucho al encontrarme frente a la imagen de mi clan. Una imagen muy poderosa, era como una cascada de luz, que se venía sobre mí. Posteriormente, volvería a trabajar el mismo protocolo, pero con otro objetivo definido.

RAPÉ

Por esos días mi amigo, Kike, me comentó que había empezado a experimentar con el rapé; con un médico especializado en acupuntura China. El médico tenía su consultorio al lado del antiguo teatro Alameda en la ciudad de Cali. Al comentárselo a mi terapeuta Sol, se emocionó tanto que me hizo pedirle la información a mi amigo. Ella, inmediatamente, consiguió que nos dieran una cita para los dos. El lugar, era una casa vieja llena de habitaciones con camillas, con un solar grande, techos muy altos y algunas paredes parecían de adobe. Aparte del rapé, también atendía consultas de acupuntura.

Antes de pasar a la consulta, el médico nos explicó que el rapé era un tabaco, el cual se fabricaba con una mezcla de 21 yerbas medicinales. Eran utilizadas por indígenas de diferentes etnias. El chamán lo preparaba, lo rezaba, y le daba una intensión. Recuerdo haber probado todas las diferentes clases de tabaco que él tenía en su consulta, hasta un tabaco importado mentolado.

Una vez a la semana asistíamos a las consultas, durante casi tres meses. La aplicación era muy sencilla, el médico intencionada el tabaco y lo colocaba en una especie de pipa, artesanal, era un tubo delgado de madera hueca, en forma de "V". Se cargaba el tabaco en uno de los extremos y por el otro lado se debía soplar con fuerza para que entrara rápidamente en la nariz. Como recomendación, el médico nos decía que era mejor dejar que el tabaco entrara solo sin aspirarlo, porque se podía ir a los pulmones y sentir ahogo al aspirarlo. Se debía realizar el mismo proceso por cada una de las fosas. Este procedimiento ayudaba a curar la sinusitis y otras enfermedades respiratorias. La función principal de esta técnica del rapé era ayudar a despertar los chakras superiores y buscar una conexión con la naturaleza, a través de la excitación de la glándula pineal. Respecto a mi experiencia, debo ser sincero, no despertó nada en ese momento, en cambio a mi terapeuta Sol; según lo que ella manifestaba, la llevó a un viaje alucinante. Creo que su nivel de vibración era mucho mayor que el mío. Yo apenas estaba despertando.

CONSTELACIONES FAMILIARES I

> *"Bert Hellinger, es conocido como el padre de este proceso; quien lo estudio, desarrolló, identificó y lo enseñó. En los talleres que se realizaban para tratar este tema, se desarrollaban prácticas con el propósito de identificar el origen de muchas de las situaciones que tenemos que enfrentar. Por medio de montajes, los participantes asumían roles (papeles), quienes interpretaban circunstancias de la vida, para que de cierta forma los observadores se sintieran reflejados en lo que estaban viendo".*
>
> *"El primer paso y el más importante es identificar los problemas y conflictos para saber cómo darles una solución y tomar acciones concretas. En ese accionar se presentan movimientos energéticos que nos induce a hacer cambios, los que se ven reflejados de alguna forma en el sistema familiar o social que se está trabajando". (Ver nota bibliográfica)*

Siguiendo con nuestro trabajo y buscando la razón por la que no tenía pareja, con Sol, pudimos interpretar que mientras yo siguiera viviendo en casa de mi madre, no llegaría ninguna mujer, de alguna forma, ella, energéticamente ocupaba el lugar de la pareja. Logré comprobarlo gracias a mi apreciado amigo Kike. Él era un experto en constelaciones familiares, siempre viajaba a Bogotá a realizar su trabajo con un psicólogo muy reconocido. Él me invitaba que viajará, pero era un poco costoso.

Kike me invitó a participar en una constelación en el mes de julio, en un lugar llamado Devasananda en Cali. La facilitadora era una psicóloga, de nombre María Fernanda. Ella nos dio una explicación de cómo se desarrollaría el taller. Iniciaríamos con unos movimientos alrededor del espacio, para disociar un poco la mente, y luego nos sentaríamos en el piso, sobre cojines.

El primer turno fue para mi amigo, quien había decidido en esa oportunidad profundizar los temas que habían quedado pendientes con su expareja. Fue una sesión donde participaron muchas personas, quienes se sintieron muy conectadas. Se percibía demasiada energía y fuerza. Los participantes sacaron a relucir sentimientos y emociones que tenían guardados. Se presenció mucho llanto, tristeza y rabia, pero se logró el propósito; identificar lo que él necesitaba para superar el proceso.

Llegó mi turno, la facilitadora me hizo la gran pregunta ¿qué iba a constelar? Esta era la oportunidad para aclarar esa gran duda que siempre me había acompañado, ¿por qué no tengo pareja? Participaron cuatro personas que representaron a mis padres, a mí y a la posible pareja. A cada una de ellas, yo le debía pedir permiso y entregarle el rol que estaba recibiendo de mis padres, el de la pareja y el mío.

Fue demasiado rápido y sencillo, la persona que se escogió como mi pareja, daba vueltas alrededor del espacio, pero no se podía acercar al que me estaba representando, porque estaba mi madre a mi lado. Cuando la madre se movió cambió de posición, la pareja se pudo aproximar. ¿Qué había que hacer?, sencillamente salir de la casa de mi madre, solo eso. Desde mi divorcio yo había regresado a vivir al apartamento de mi madre, ya eran cinco años, viviendo en la zona de confort, donde nada me faltaba y ella estaba feliz con sus hijos alrededor, ella era una mamá gallina. Al final del proceso, le recibí a cada uno el rol que les había entregado, les di las gracias por su trabajo. La persona que va a constelar escoge a alguien para que lo represente y se quede al lado del facilitador, para observar los movimientos que están sucediendo en la constelación.

Un tipo de más de cuarenta años viviendo con la madre, no era una buena señal, las mujeres lo veían raro. Así me lo hizo saber una amiga, ella me había presentado una de sus mejores amigas, Lina, con la que estuve saliendo por varias semanas. Me comporté de la misma forma como con las otras mujeres, dando de más, siendo el proveedor, estando disponible las veinticuatro horas del día, buscando el reconocimiento a través del servicio; era parte de mi trabajo con las parejas. En una de nuestras conversaciones con mi amiga AnaB, ella me comentó que su amiga le había expresado su inconformidad, porque le parecía muy extraño que todavía viviera con mi madre. Las cosas no funcionaron con su amiga, lo único que dijo es que yo era un tipo muy bueno, demasiado bueno. Con Lina, iba a volver a repetir lo mismo de siempre, estaba dispuesto a mantenerla si fuera necesario, pero era algo que no me correspondía. Volver al mismo problema, padre y proveedor, buscando hijas para criar, eludiendo la responsabilidad de tener pareja.

TEMAZCAL

Mi diplomado de yoga seguía adelante, y compartía con compañeros muy interesantes; entre ellos, había dos personas que venían de fuera de la ciudad, eran de Florida (Valle). Un fin de semana me invitaron a un temazcal que se realizaría en su ciudad. Ellos tenían un grupo con el que se reunían y hacían diferentes actividades fuera del yoga. Bailaban con ritmos sagrados indígenas, organizaban almuerzos vegetarianos, dictaban charlas sobre espiritualidad, entre otros. Cada uno de los participantes en el evento hacía un aporte económico voluntario y llevaba frutas para el compartir. Los aportes voluntarios se hacen en casi todas las reuniones holísticas, ya que son entidades sin ánimo de lucro, y se mantienen por los aportes.

Cuando llegamos al lugar, nos encontramos una bonita casa típica de la región, de solo un piso, rodeada de árboles frutales, un espacio verde increíble, estaba bastante retirada de la ciudad y lo mejor, un río con agua fría, limpia y con muy buen caudal. Empezaríamos a armar una especie de carpa, como la que utilizaban los indígenas americanos para sus reuniones sagradas. La carpa recibe el nombre de **INIPI**. Aunque no soy experto, el inipi era la representación del útero de la mujer en la tierra. Como era el útero de Gaia, debía estar totalmente sellado para que no le entrara la luz. ***Gaia es uno de los nombres que se le da a nuestro planeta tierra.***

La idea era hacer un fuego sagrado, al lado del inipi. Acumulamos madera y un total de 28 piedras. En la parte de afuera se quedó una persona encargada de mantener el fuego encendido durante todo el ritual; estaba entrenada para aquella labor. En el fuego se calentaron las 28 piedras, representando el ciclo menstrual de la mujer.

Antes de iniciar el ritual, las personas que íbamos a participar en el temazcal, realizamos una preparación. Se entonaron cantos, he hicieron rituales de purificación con agua y hierbas, algunos rezos, mantras, etc. Fue una mezcla de oraciones de varias religiones. Ellos eran Gnósticos.

Las primeras que debían ingresar eran las mujeres y luego los hombres, todos se iban sentando alrededor de una fosa que hay en el centro del inipi. Se ingresaron las primeras siete piedras calientes a la fosa, cerraron la puerta y el facilitador del temazcal, inicio con las ofrendas, él iba agregando hierbas y sales especiales sobre las piedras calientes. Al agregarles agua se iba creando vapor dentro del inipi. Lo que se busca a través del temazcal es hacerle ofrendas a la madre tierra y rituales de purificación para ella. El que quisiera podía cantar, hacer una plegaria o compartir su propósito con los demás.

Después de más o menos unos 15 minutos abrieron la puerta, los participantes podían salir, pero no podrían volver a entrar. Cada vez que se abre la puerta se ingresan siete piedras nuevas, para un total de 4 puertas. Las dos veces que tuve la oportunidad de estar en un temazcal, logré llegar hasta la segunda puerta, el calor era muy fuerte y me sentía deshidratado, por más concentración que tuviera, mi cuerpo no lo resistía.

Apenas salí del inipi, me fui de inmediato al río, a disfrutar del agua fría. Uno de los tip que me dieron, es que si sentía falta de oxígeno, debía acostarme sobre la tierra y colocar las manos como una campana, para así poder respirar. La madre tierra, Gaia, te protege siempre. Fue mi primera experiencia con los temazcales, hay otros rituales diferentes, pero este fue el que me toco probar. Aparte del temazcal, me encantó el concepto del respeto entre las diferentes religiones y que al final todo tiene el mismo fin.

TEJIDO SANADOR

Durante una de las prácticas de yoga, nuestro instructor, invitó a una persona para enseñarnos sobre la historia y las ventajas del tejido sanador. Según sus conocimientos, el tejido viene de los indígenas Muiscas y está disponible para toda la humanidad. Posteriormente, tuve la oportunidad de conocer a un descendiente de los Muiscas, me manifestó que el tejido lo debían enseñar las mujeres, era una posición totalmente respetable. Otra tribu que también utiliza el tejido; los Arhuacos, muy famosos en Colombia por sus mochilas.

Nos enseñaron las puntadas para realizar nuestro propio tejido. Se utilizó una aguja con punta roma y un hilo de algodón crudo conocido como pabilo. La persona que inicia o realiza los nacimientos, son conocidos como Mamá Mochila, esta persona debe haber tejido más de 11 mochilas para poder recibir ese título. Cuando se hace el ritual de nacimiento del tejido, van invocando los nombre de los ancestros, abuelos y de nuestros padres. Con cada nombre, se va realizando cada una de las puntadas iniciales de la mochila. Antes de iniciar su construcción, se busca un propósito, con el cual se intenciona el tejido. Por ejemplo, en mi caso, la primera mochila fue para sanar las relaciones con mis padres, la segunda las relaciones de pareja, la tercera como ofrenda a mis ancestros y la cuarta era para soltar el control.

Con cada puntada en el tejido van quedando impregnadas sensaciones y sentimientos que se originan desde el propósito. Podemos decir, que con el tejido estamos haciendo una transmutación de los sentimientos. Es una buena herramienta para liberar y soltar tantas frustraciones que manejamos. El tejido es una forma de meditación. Los días jueves y viernes iba con mi amiga Sol a la casa de la mochila, estaba ubicada a un lado del hotel Intercontinental de Cali. Allá nos reuníamos a tejer, llegaban muchas personas a compartir esa energía y ese ritual, la idea era que con el grupo de tejedores se pudiera hacer el proceso de entrega a la naturaleza de tus mochilas, se crea un vínculo compartido con tu grupo. A través del ritual se ofrendan las mochilas a los cuatro elementos: a la tierra, al fuego, al agua y al viento. Mi primera entrega u ofrenda fue en una finca por la carretera al mar, vía a Buenaventura.

El lugar de referencia para las entregas, estaba cerca a la casa principal, al lado de un pequeño bosque, en él, había un círculo sagrado hecho con piedras y maderas para dar la sensación de un altar sencillo. Las personas que ingresaban a este espacio, las ahumaban y las limpiaban con yerbas medicinales. Cada persona escogía como quería ofrendar la mochila que llevaba, podría ser con la tierra, el fuego, el aire o el agua. Si llevaba dos y ambas las querían ofrendar al mismo elemento, lo podía hacer.

En el centro del altar se encontraba abierto un hueco en la tierra; las personas que iban a ofrendar el tejido a la tierra, comentaban su propósito y experiencias vividas al ir tejiendo, luego depositaban la mochila en el hueco y le agregaban un poco de tierra, al final del ritual se tapaba completamente el hueco. Continuamos con el siguiente elemento, que era el fuego, lo ideal, era que el fuego lo prendiéramos los hombres para impregnarle a la llama sagrada nuestra fuerza. Las entregas al fuego fueron más interesantes, al ver como se iba quemando cada mochila. Algunas se quemaban suavemente, pero otras prendían muy fuerte, como si tuvieran algún acelerador. La intención de cada persona influía en la combustión. La ofrenda al viento, se realizaba regalando la mochila a alguna persona. Los que querían, contaban su experiencia con el tejido y podían compartirle al grupo el nombre de la persona, aunque no se encontrara presente en el lugar. Las mochilas se colgaban en una parte del altar, que estaba decorado con atrapasueños. Para el último ritual con el agua, nos fuimos a una pequeña quebrada cerca de la casa, se comentaba la intención y se soltaba la mochila en el agua. Mi primera mochila la ofrendé a la tierra.

El propósito de la entrega de las mochilas a la naturaleza, es para que ayude a transmutar la intención con la que se creó el tejido. Con el ritual se pretende enviar un mensaje, que llegue al subconsciente del que la ofrenda. Al final se hace un cierre, un ritual donde se arma un círculo, se hacen cánticos y se toca el tambor.

En mi experiencia con las mochilas; a las personas siempre les recomiendo, que su intención debe salir del corazón. Cuando la vayan a entregar es conveniente analizar si es algo que se puede transmutar rápidamente, y en ese caso les recomiendo usar el fuego, si al contrario es algo que lleva tiempo, la tierra o el agua son los ideales. Las mochilas, para ofrendar al viento, deben ser intencionadas con propósitos de gratitud o de sanación.

EL CAMINO EN LAS PRACTICAS SANADORAS

HOPONOPONO

Para el mes de marzo del 2014, tuve la oportunidad de ir con mi mentora Sol, a una terapia de Hoponopono, se realizó en la Cumbre (Valle). Lo organizaba un grupo llamado Tejedores de Conciencia, grupo admirable con una energía muy bonita. Llevan muchos años haciendo este trabajo y ayudando a las personas con las que se encuentran en el camino. Era un grupo bastante numeroso, había que hacer un aporte voluntario y llevar frutos como ofrendas.

La reunión, era en el pueblo, en una casa de dos pisos, estaba hecha en madera y tenía una zona verde bastante grande. Cuando llegamos, sobre el piso del jardín, tenía pintado un círculo hecho con harina y dividido en varias partes. Se habían puesto ofrendas en cada círculo como frutas, flores, granos y adornados con polvos de colores. Las personas debían distribuirse en ellos en la medida que iban llegando, hasta llenar todos los espacios.

Los organizadores y encargados de dictarnos los talleres se presentaron y nos dieron una introducción acerca del hoponopono. Nos contaron que era un arte originado de Hawái, y su significado era enmendar, o corregir un error. Su objetivo principal era traer equilibrio y paz; mediante la limpieza mental y física. Con la repetición de cuatro palabras "perdón, gracias, lo siento y te amo", se logra cortar bloqueos, memorias, energías y vibraciones negativas. Un médico descubrió que al utilizar las cuatro palabras, se podía cambiar el comportamiento de los presos esquizofrénicos que tenía bajo su supervisión. Al obtener los resultados compartió su proceso para mejorar las relaciones de las personas.

El primer ejercicio que realizamos con los materiales a disposición, fue construir un altar y darle un significado a lo hecho. Estaba relacionado con la madre tierra. Como en todos los rituales, se agradeció a la madre tierra por permitirnos el uso de ese espacio y entregamos las ofrendas como muestra de esa gratitud.

El ritual que más recuerdo, fue uno en donde invocábamos a personas con las que hubiéramos tenido alguna clase de conflicto y aún no las hubiéramos perdonado. Hicimos una lista de más o menos 60 personas. Luego nos sentaríamos en el piso, dentro de nuestro espacio asignado en el círculo. Nos entregaron pepas de frijoles y nos dijeron que tomáramos una pepa por cada persona en nuestra lista y empezáramos a invocar a cada uno, si nos quedaba fácil podíamos traer su imagen a nuestra mente. Por cada persona, se verbalizaban las cuatro palabras del hoponopono: Lo siento, perdón, gracias, te amo. La pepa de frijol la deberíamos lanzar hacia atrás después de decir las palabras, era un poco de psicomagia para la mente. La ventaja del hoponopono es que la persona con la que quieres trabajar no tiene que estar presente, solo debías decir las cuatro palabras en tu mente, tenía el mismo efecto. Puedes utilizarlas cuantas veces quieras, solo debes recordar, colocarle la intención.

El cierre del evento fue con cantos de Darwin Grajales, el que más me gustó fue "Échale el miedo al fuego". Una evocación a los ancestros, a la tierra y al misterio. Su ritmo y letra me llegaban al corazón.

"Échale el miedo al fuego, aunque todo es perfecto, de la tierra está surgiendo esa medicina que guardaron los ancestros, para recuperar la memoria del misterio. Que ayuda a estar en paz en la tierra y en el cielo. Han dicho los abuelos que te han dado un instrumento, que tu cuerpo es tan sagrado como el agua o como el fuego, que lo pongas a vibrar, que el amor te da esa fuerza, que abras más tu corazón y nunca olvides de cantar. Bu bum bu bum ba bum bum baa buru ba , cuando hay música en tu almaaaa la oye todo el Universo, échale miedo al fuego y vuelve al amor, échele miedo al fuego y siente el calor, que no se apague el fuego en tu corazón"

REIKI

Buscando información sobre el Reiki, encontré en internet la página ***Despertar al Ser*** de **Adriana Testa**, su información es muy clara y concuerda con el proceso que realice cuando estuve explorando el Reiki:

"El Reiki se origina en la segunda década del siglo XX, creado por el japonés Mikao Usui, se ha introducido en occidente como una terapia alternativa para prevención y tratamiento de dolencias físicas como psicológicas. Busca equilibrar la energía vital a través de la imposición de manos y alineación de los siete chakras. Los chakras administran la energía de nuestro cuerpo, pero su funcionamiento está fuertemente ligado a diferentes aspectos de nuestra conducta. Ellos proporcionan la energía sutil para las funciones del cuerpo, la mente y el intelecto".

"Los nombres de los chakras, en orden descendente de arriba hacia abajo, son los siguientes:

Chakra Sahasrār	Chakra de la coronilla
Chakra Adnyā	Chakra del entrecejo (tercer ojo)
Chakra Vishuddha	Chakra de la garganta
Chakra Anāhat	Chakra del corazón
Chakra Manîpur	Chakra del ombligo o plexo solar
Chakra Swādhisṭhān	Chakra sacro o sexual
Chakra Mūlādhār	Chakra raíz

"El Reiki plantea que las enfermedades y dolencias provienen del bloqueo sufrido por la energía cuando se viven situaciones difíciles de raíz emocional, por eso es importante conseguir un balance para que fluya libremente. Se considera una práctica holística, ya que busca trabajar sobre todas las dimensiones del ser humano: física, mental, emocional y espiritual. No es invasiva en lo absoluto y representa un riesgo mínimo, por lo que es bastante segura de probar paralelamente con otros tratamientos".

"Existen 5 principios básicos que rigen el Reiki:

1. Precisamente hoy no te enojes.

2. Precisamente hoy no te preocupes.

3. Trabaja con honradez.

4. Sé amable con quienes te rodean.

5. Agradece los abundantes dones que tienes."

Carlos, el facilitador de Escuela de Magia del Amor, también dictaba cursos de iniciación en Reiki, la verdad tenía mucha curiosidad en hacerlo, porque mi exnovia Caty lo había realizado y quería aprender todo lo relacionado con la imposición de manos y la sanación que se puede hacer por medio de este tipo de terapias.

Asistí a los tres niveles que se ofrecían, cada uno con una diferencia de un mes, aproximadamente. En el primer nivel te enseñan la historia del Reiki, técnicas para preparar el cuerpo; es decir, como limpiarlo de energías, imposición de manos para sanar, y auto Reiki que se debía hacer por veintiún días, el cual constaba de una práctica diaria de cinco posturas básicas de tres minutos cada uno.

En segundo nivel se estudiaban los símbolos secretos del Reiki y como se debían utilizar. Cada símbolo tenía su interpretación, los entregaban como un gran tesoro.

El tercer nivel era la iniciación, nos preparan para ser maestro Reiki, en el ritual, el facilitador te hacía unas señales en la cabeza y nos soplaba en la coronilla.

Al final abandoné la práctica, porque era una de las experiencias con las que no me había conectado, creo que no era necesaria en ese momento de mi vida. No desconozco su poder sanador y pienso en algún momento retomarlo; ya que siempre me han dicho que la energía de mis manos es sanadora.

CURSO ZEN

Gracias a un amigo que me enviaba correos interesantes, llegué a descubrir a Suzanne Powell, con su toque zen. Escritora irlandesa, llevaba años dando charlas alrededor del mundo sobre la alimentación consciente, haciendo el **Reset** de las personas para ayudarlas en su proceso de despertar de conciencia. Trascendió en el mes de noviembre del año 2021. Era una buena referente para escuchar. Les comparto información que pueden encontrar en su blog en internet:

> *"El curso zen, se basa sobre el control del sistema nervioso mediante la respiración consciente, la meditación y una simple práctica de los "toques zen", estimulando unos puntos energéticos/chakras para eliminar posibles bloqueos y permitir que la energía fluya correctamente por todo el cuerpo. A través de los chakras se estimula el sistema nervioso, para que produzca sus propios químicos para optimizar la salud física y mental y a la vez mantener un equilibrio energético en general".*

> *"Con una buena práctica, constancia y disciplina se puede alcanzar un estado de paz en la mente, en el sistema nervioso, en el cuerpo físico y por lo tanto también en el espíritu; con la cual se facilita conectar con la esencia y el SER. Es una herramienta práctica y sencilla y al alcance de todo el mundo, sin importar su estatus social, económico, cultural u otro. No está relacionada con ninguna religión, doctrina ni la meditación zen budista. Zen simplemente significa Conciencia de la Vida".*

Suzanne Powell, a través de sus libros, transmite una excelente información sobre la alimentación consciente y explica claramente cómo podemos cambiar nuestros hábitos, y de qué manera nos hemos olvidado de estar presentes en los momentos en que ingerimos nuestros alimentos. La mente debe estar conectada con lo que estamos haciendo. Sus historias son agradables y con mucho contenido, lograban captar a la audiencia alrededor de todo del mundo. Cuando la escuchaba me daba cuenta que es la misma información de la Escuela de Magia del Amor.

ESPIRITAS, CHICO XAVIER

Para junio del 2014, tuve la fortuna de encontrarme con mi amiga Vane, excompañera de trabajo, se había ido a vivir al Brasil. Nos reunimos a charlar en compañía de un delicioso café; conversábamos sobre diferentes temas. Su nueva vida, su pareja, el trabajo. En uno de esos momentos cuando le comenté que estaba practicado una filosofía de vida, basada en la Escuela de Magia del Amor. Ella al escucharme me dijo que su pareja también seguía algo muy parecido y se llamaba Espiritas. Uno de sus promotores fue un señor del Brasil Francisco Cándido Xavier, más conocido por el apodo de *Chico Xavier*, un médium que canalizaba la información de Emmanuel, su benefactor espiritual.

Mi curiosidad me llevó a conocer todo lo relacionado con sus prácticas. Les comparto, parte de la información que encontré en internet, en la página del curso de espiritas:

"Chico Xavier era portador de varios tipos de facultades mediumnicas como la psicografía, psicofonía, efectos físicos (materialización), clariaudiencia y la clarividencia". "Desde niño podía ver los muertos y conversar con ellos, mezclando así los dos mundos en una única realidad. Mantenía conversaciones con su mamá, ya fallecida. A los 17 años, Chico Xavier tuvo su primer contacto con el Espiritismo a través de los libros de Allan Kardec: El Libro de los Espíritus y El Evangelio según el Espiritismo. Chico se dedica de lleno a su estudio".

"Chico Xavier fue criticado duramente y es atacado por la Iglesia y la sociedad del momento, pero jamás respondió a los agravios, él sabía que el Mundo Espiritual estaba trabajando con él".-

"Canalizo alrededor de 451 libros Psicografió de unos 600 autores espirituales. Inició la recopilación en 1932 con

> *"Parnaso Más Allá de la Tumba", obra maestra de la literatura mediúmnimica, que incluye poemas de poetas luso-brasileños con el mismo estilo que los caracterizó en vida. De sus libros se han vendido más de 40 millones de copias traducidas a 33 idiomas y 30 libros en Brasil".*
>
> *"Su libro más vendido se llama "nuestro hogar" que es una retrospectiva de lo que es nuestra vida, para los que creemos que nuestra conciencia es inmortal y lo que cambiamos es el traje. Psicografió 20.000 cartas personales en reuniones públicas y privadas, ofreciendo un material único para la investigación científica de la facultad mediúmnica. Algunas de las cartas fueron utilizadas como pruebas en juicios de asesinatos".*
>
> *"Su último pronóstico fue acerca de su muerte, donde dijo que sería cuando todo Brasil estuviera celebrando, murió el 30 de junio de 2002, cuando Brasil gano su quinta copa mundial de futbol. "*

Dos de sus películas más famosas son: "A *las madres*" y "*Nuestro hogar*". En la primera se narra la historia de cómo Chico Xavier, a través de la psicografía, entregaba mensajes a las madres de sus hijos fallecidos. La segunda es la narración de todo lo que sucede a un médico después de fallecer, el proceso de regreso del alma al hogar. Ambas son excelentes películas para el que quiera conocer un poco más sobre Espiritas y Chico Xavier.

MI OTRA BENEFACTORA - AURORA

En julio del año 2014 el grupo de yoga de la tarde lo cancelaron y tuvieron que integrarse al que se dictaba en horas de la mañana. Debido al cambio de horario, tuve la oportunidad de conocer a otras personas y entre ellas estaba Aurora; una mujer bonita, bastante callada, pero cuando opinaba era muy acertada y sus comentarios, muy profundos relacionados con los diferentes temas que se trataban en el instructurado.

Siempre buscaba la manera de acercarme a ella, pero no fue fácil, porque era muy reservada. Lo que rompió el hielo fue una situación incierta, por esos días le habían robado el celular y se me acercó para preguntarme por la marca que yo usaba, con la intención de comprarse uno igual y así reponer el que le habían robado.

Poco a poco las charlas eran más frecuentes, luego empezó a mostrar interés sobre como hacía mis sadhanas en yoga, gracias a estas cortas charlas, en septiembre se presentó la oportunidad de ir a almorzar a un lugar vegetariano donde el chef era nuestro instructor de yoga. Ese día nos dimos cuenta que los dos manejábamos información espiritual muy parecida, ella desde niña era consciente y venía despierta.

Como ya había un poco más de confianza, empezó a contarme sobre su vida, como desde niña siempre la habían visto como alguien raro; por su forma diferente de ver las cosas, por manifestar su inconformidad ante lo que no estaba de acuerdo; sobre lo complicado que era para ella adaptarse a la sociedad. Trató de llevar su vida de la forma más normal posible, llegó a ser modelo hasta que se cansó y volvió a su búsqueda a trabajar en su SER. Se dedicó a trabajar por muchos años como acompañante espiritual, daba conferencias sobre el perdón, en proyectos de emprendimiento y se convirtió en coach. Es un alma vieja, con mucha sabiduría y con muchos dones despiertos.

Gracias a nuestras conversaciones, pudo entender que era la Escuela de Magia del Amor y que la información había sido canalizada por un colombiano. Me escuchaba con detenimiento y allí empezó a darse cuenta que no estaba tan errada en sus creencias. Ella desde niña ya tenía ese conocimiento, pero no sabía cuál era su origen. Desde ese día empezamos a compartir más tiempo, más experiencia y anécdotas, empezaríamos a caminar juntos.

ENEAGRAMA

Con Aurora tuve la oportunidad de conocer y trabajar el eneagrama de la personalidad, que es un método que permite analizar el desarrollo personal. Según los expertos existen **nueve eneatipos** en los que se encasillan los diferentes arquetipos (rasgos) de personalidad. Todos tenemos un poco cada uno de estos eneatipos y nos movemos con el tiempo sobre ellos. La mejor forma de identificarlos es mediante la utilización de algunos test.

Bien utilizado, se pueden convertir en una excelente herramienta para la selección y el desarrollo en los equipos de trabajo. El conocer el eneagrama de cada persona, nos puede ayudar a mejorar la forma de comunicación, a identificar las debilidades y las fortalezas. Así se puede tener información indispensable para el buen desarrollo de las actividades en los equipos. Existen nueve eneatipos de esta forma:

1. El reformador, perfeccionista

2. El ayudador, samaritano

3. El triunfador,

4. El individualista,

5. El investigador,

6. El leal,

7. El Entusiasta,

8. El desafiador,

9. El pacificador.

En un periodo más o menos de dos meses estuve enfocado en revisar las luces y sombras de mi eneatipo; descubrí que era el número dos, samaritano, con tendencia al número uno, perfeccionista. Logré identificar plenamente las características de mi naturaleza de samaritano, las que me llevaban a ayudar y ser el salvador de todo el mundo. Siempre dando más de lo que recibo. Cuando no se tiene un equilibrio, una cualidad se puede transformar en una sombra.

Adicionalmente, a través del dar de más, estaba buscando el reconocimiento de la pareja, porque si no me lo daban, sentía que no existía. A través de algunos ejercicios que van surgiendo en las terapias, busqué corregir un poco esas sombras con acciones concretas; durante determinado tiempo dejé de hacer favores. La idea era poder reconocer los sentimientos y las emociones que percibía cuando me negaba a hacer un favor. Me tocaba estar cada vez más presente y consciente de lo que hacía.

SICOGENEALOGÍA

Mi amiga Sol me preguntó si le podía ayudar con su curso de Sicogenealogía que estaba estudiando. Ella necesitaba un modelo para su tesis. Fue una propuesta buena, porque dejé de pagar por las terapias que estaba haciendo con ella. Nuestra primera labor fue construir el árbol genealógico de mi familia. Logré recopilar información y realizar una estructura con 250 familiares con el apoyo de un programa en internet Myheritage.

Cuando organicé en el árbol a mi familia paterna, conocí parientes que no tenía presentes y eran originarios de Yumbo (Valle). Me sentaba con mi abuela para hablar de esos parientes, pero siempre la sentía muy reacia a hablar de su mamá, notaba cierto rechazo. Si le gustaba contar historias de su papá, decía con algo de orgullo que había sido una persona muy adinerada, pero que en la guerra de los Mil Días, lo había perdido todo. En mi biblioteca encontré un libro sobre la guerra. En él había una foto del general Buendía, aclaro que no es el mismo personaje del libro *Cien años de soledad*. Según me di cuenta, el bisabuelo también estuvo por Panamá, antes de que se separara de Colombia.

Fue un excelente ejercicio porque recopilé la información necesaria del árbol genealógico, el cual me permitió identificar el origen de muchas de mis situaciones de vida que eran recurrentes. Algo evidente y necesario, era que tenía que salir de casa de mi madre, si quería de nuevo tener una pareja. Cuando movemos estos sistemas familiares, se está moviendo mucha energía y a veces algunos elementos manifiestan su inconformidad, así fue como lo interpreté. Empezaron a surgir una serie de sucesos que me impulsaron a tomar decisiones drásticas que me llevarían a vivir solo.

El treinta de agosto robaron en el apartamento donde vivía con mi madre y mi hermano mayor. Era la primera vez que nos sucedía algo así; vivíamos en el piso diez con portería y cámaras, era algo difícil de asimilar. A los tres días, el dos de septiembre, me tocó el turno en mi oficina. Estaba almorzando y cuando llegué de almorzar, encontré que *"los dueños de lo ajeno"*, como decimos en Colombia, se habían llevado las dos computadoras portátiles que tenía para trabajar. Una estaba nueva y el otro lo utilizaba para back-up. Me dejaron en la "calle", se llevaron toda la información personal de muchos años y la de mis clientes, afortunadamente no era información sensible, solo reportes sin valor comercial.

En el portátil nuevo estaba toda la información sobre mi árbol genealógico. Lo único que quedó fue lo que estaba en la *web page*. Alguien más adelante me explicaría que esos robos fueron una compensación por algún suceso inconcluso de mis antepasados, era como si le estuviéramos reintegrando a alguien por algo que algún miembro de mi familia había hecho. El Universo me estaba obligando a hacer un cambio, especialmente a soltar el control de todo lo que hacía.

ABRIENDO UN NUEVO PORTAL

DHARMA- DAPA

La idea de irme a vivir solo me rondaba por la cabeza desde julio y empecé a buscar donde mudarme. Ya había ido cerrando mi oficina poco a poco. Así que necesitaba un sitio para trabajar, para vivir y hacer mis prácticas de yoga, sin que nadie me molestara o interrumpiera.

Había pensado en la posibilidad de irme a vivir a Dapa, un corregimiento fuera de la ciudad, era un sitio que me gustaba, y me traía buenos recuerdos. El que fuera mi suegro, tenía una casa campestre en esa zona, casi todos los fines de semana nos íbamos para ese lugar a descansar del ruido de la ciudad, era espectacular. Me encantaba el clima frío, el ambiente tranquilo y el estar rodeado de naturaleza, no tenía precio.

Comencé a mirar clasificados y a buscar alguna casa que estuviera en alquiler. Los fines de semana, subía a recorrer los alrededores de Dapa. Entraba por cualquier desviación o carretera que no conociera, buscando letreros de alquiler, cualquier número que veía lo anotaba, para después llamar y concertar una cita con la intención de ir a ver el lugar. Lo único que me condicionaba a decidirme por una casa, era que el internet móvil que usaba funcionara bien en el lugar; por eso siempre llevaba conmigo el router portátil y mi computadora para probar la señal.

Una de las personas con la que no había logrado concertar una cita me llamó y me dijo, que fuera sin ningún compromiso, a ver una casa que le habían entregado para alquiler, nos quedamos de reunir en la iglesia de Dapa; nos dirigimos a conocerla y era una buena alternativa porque estaba dentro de mi presupuesto. Cuando llegué y la vi, me di cuenta de que era una casa fría, poco iluminada, por así decirlo "triste", la energía del lugar no era buena y no me sentía a gusto. El señor de la inmobiliaria se percató que no me había llamado la atención, así que me comentó sobre otra casa de su propiedad, eso sí, un poco más arriba. Esa casa era perfecta, pequeña, iluminada, sin vecinos, tenía bonita vista, y sus alrededores con mucho verde. Lo mejor era que la casa estaba amoblada y con buen gusto.

Logramos llegar a un acuerdo por seis meses, si me adaptaba me quedaba un año y ajustaríamos el canon de arriendo. Todo fluyó de una manera impresionante, los papeles para realizar el contrato de arriendo, los documentos que me solicitaron se pudieron hacer sin ninguna complicación, el arrendatario me acepto todo. Como algo anecdótico la carretera a Dapa en ese momento estaba deteriorada, y cuando ya me instalé empezaron la reparación de toda la carretera.

La casa se llamaba Dharma, era muy especial, se percibía una energía buena, según mis amigos que me visitaban de vez en cuando, les parecía como un portal para otra dimensión. Esa percepción la entendería después. Me la entregaron con cuatro inquilinos incluidos, una recua de perros; Omar, Wuica, Pepe y Milagros. La última Mili era una perra, pero era la alfa del grupo, tenía solo tres patas porque de cachorra alguien le pegó un machetazo en la pata delantera derecha y la veterinaria determinó que era mejor amputarle la pata. Mili, aprendió a vivir de esa forma y no le hacía falta, corría igual que los otros perros.

La casa me la entregaron el día cinco de septiembre, el mismo día en que estaba cerrando y entregando mi oficina en la ciudad de Cali.

La mudanza fue lenta, pero no me afecto porque no tenía nada que llevar, no habían instalado el internet, y además ese mismo día cinco, acababa de vender el carro, no tenía como subir a mi nueva casa. Iba a realizar un crédito con una cooperativa para la compra de otro vehículo, pero me rechazaron el crédito. Igual conseguí el dinero por otra parte y no adquirí una deuda que no era necesaria. Esta situación me confrontó a aceptar uno de los aprendizajes más valiosos que he tenido y que me han costado asumir: *"la abundancia del Universo es infinita y siempre tendrás lo necesario, nunca te faltará"*. Lo debo reconocer porque he comprobado que es cierto y siempre se manifiesta.

Como en el Universo todo es perfecto y necesitaba urgentemente un carro, mi hermano me ofreció venderme el suyo. Se lo pagaría cuando tuviera el dinero. Al final adquirí un Volkswagen Jetta, que era un sedán y no un campero como lo deseaba; sin saberlo sería la mejor elección. Era el motor ideal para subir esas lomas y la suspensión era excelente, todos los días debía recorrer un kilómetro en carretera destapada. El vehículo nunca se desajustó en el tiempo en que viví por allá.

Los primeros días en Dapa, me aterraba el silencio y la oscuridad, cerraba las puertas con llave, prendía todas las luces y bajaba todas las persianas. Al irme a dormir, dejaba el televisor prendido con el temporizador para que se apagara solo y dejaba que los perros se quedaran dentro de la casa para que me acompañaran. Después me tocaría sacarlos por una invasión de pulgas. Era la primera vez que vivía solo, e iniciaba ese aprendizaje. Por eso había firmado un contrato de arrendamiento por solo seis meses, no sabía si sería capaz de vivir alejado del mundo.

TOMA DE MEDICINA

De nuevo mi amigo Kike me invitaría a vivir otra experiencia. Se trataba de tomar la bebida ayahuasca o yagé en la Cumbre (Valle), con el grupo de Tejedores de Conciencia; con el que había hecho la práctica del hoponopono. Era una forma de seguir con la búsqueda espiritual. El día que fuimos a entregar el aporte para separar el cupo de la toma, nos dieron algunas instrucciones: no comer carne, ajo, beber leche, alcohol y nada de sexo. Ni antes, ni después de la toma por lo menos por 24 horas.

Siguiendo las instrucciones hice el ayuno como correspondía, subí a la Cumbre con mi amigo Kike y una amiga de él, debíamos estar tipo siete de la noche en el sitio. Llevábamos cobijas, colchonetas, agua, frutas y lo más importante papel higiénico. Mi querido amigo había estado leyendo respecto a la toma de ayahuasca y como quería estar bien limpio, llegó al extremo de hacerse un lavado de estómago, algo contraproducente para una toma.

Como habíamos llegado temprano, tuvimos la ventaja de escoger el lugar, contábamos con bastante espacio para acomodar nuestras cosas. Después de las nueve empezó a llegar mucha gente y el sitio se llenó, había muchos extranjeros; algunos llegaron con los taitas, al parecer vivían con ellos en las selvas colombianas. Al final, la toma empezó a eso de las once de la noche, primero dieron instrucciones de la logística, sobre los baños secos y los espacios para los líquidos. Había baldes plásticos por todas partes y disponibilidad de papel higiénico por doquier.

Todos estábamos sentados en un círculo, los taitas se habían acomodado alrededor de un altar, empezaron la ceremonia con cantos y danzas; recuerdo que el inicio fue fumando tabaco, luego marihuana medicinal y terminaríamos con cigarrillos pielroja; acompañado con bebidas como guarapo y chicha, cuando se les acabó, nos ofrecieron cerveza. Las bebidas y el tabaco se iba rotando por ambos lados del círculo, te llegaba por la izquierda o la derecha; todo lo que tenías que probar iba llegando. También probé hojas de coca que venían en una batea de madera, la hoja estaba en polvo y se debía colocar con una cuchara de palo en la boca, entre los dientes y los cachetes para dejarla que se deshiciera, no se debía tragar, por el riesgo al ahogamiento

Luego pasaría uno de los hijos de los taitas con tabaco en polvo haciendo rapé, para todos los que quisieran. Llevaba una cerbatana para llenarla con tabaco, el cual se soplaba en cada una de las fosas nasales, fue un proceso bastante difícil para la mayoría de las personas; quizás un poco riesgoso, según nos explicarían después, por el tamaño de la cerbatana. Algunos participantes tuvieron que ser ayudados, porque se les bajó la presión.

Las dos personas que iban conmigo, sufrieron bastante, la amiga de Kike, solo pudo recibir el tabaco por una de las fosas nasales, inmediatamente se fue a vomitar. Mi gran amigo, Kike si aguantó, pero se quedó inmóvil, sus piernas no se movían; parece que también se le bajó la presión. Se tomó casi los 5 litros de agua que llevábamos. A mí no me hizo nada, pero no me quise arriesgar a la segunda tanda de rapé.

Al final no dieron la toma de la bebida de ayahuasca, pero sí de otra bebida ancestral, de la cual nunca supimos su nombre; era transparente y bastante fuerte, el taita entregaba a cada persona una pequeña copa con la bebida. Cuando la probé, los sentidos empezaron agudizarse, la percepción de los sonidos era increíble, se escuchaban las conversaciones de las personas que estaban al otro lado de la sala, la música adquiría un poder increíble, podía seguir y entonar los cantos, sin conocer su lenguaje. Al pasar los minutos empezaba a ver unas imágenes impresionantes, como una especie de mandalas, con una belleza increíble por las combinaciones de colores y las formas que eran indescriptibles. Fue un viaje muy bonito, me imagino que es la famosa "traba" que muchos nombran.

La gente comenzó a quedarse dormida, otros se caían porque trataban de levantarse rápido y perdían el sentido, quedamos muy pocos en las sillas; a pesar de mí "viaje", estaba preocupado porque ya eran casi las tres de la mañana y no habíamos tomado el yagé, yo tenía que regresar a Cali y estaba seguro de que mi cuerpo no eliminaría en cuatro horas el efecto de la medicina. Otros efectos que manifesté, fue que veía árboles dentro del salón, me saludaban y me invitaban a que fuera donde ellos. Lo interpreté como una bienvenida a mi nueva casa en Dapa, era como una autorización a irme a vivir a ese lugar.

Como a las cuatro de la mañana, se hizo el último baile con los pocos que quedábamos y se realizó el cierre del evento. A las siete de la mañana desayunamos en el pueblo y salimos para Cali. Muchos se quedaron a un temazcal porque tenía programado pasar más tiempo en el lugar. Fue una experiencia sensacional.

SICOMAGIA

Estando un día en casa de mi madre, Sol me llama y me cuenta que Cristóbal Jodorowsky, hijo del famoso Alejandro Jodorowsky, iba a estar en una librería esotérica en la ciudad de Cali, dando una pequeña charla y que leería el tarot de forma gratuita a las primeras personas que llegaran al lugar; por supuesto fuimos temprano, nos tocaron los turnos trece y catorce. Cuando llegó mi momento le hice varias preguntas, especialmente relacionadas con los miedos que sentía, como: ¿por qué me daba miedo enfrentar lo desconocido o hablar en público?

La lectura del tarot fue bastante rápida. Me dijo que el origen de los miedos provenía de mi madre. De alguna forma, inconscientemente, me había quitado el coraje y la hombría. En el acto de sicomagia para poder recuperar lo perdido, tenía que cargar una muñeca y llevarla en mi bolsillo, cada vez que hablara con una mujer, debía apretarla y decirle: "Mira madre, si vez que yo sí puedo", debía hacerlo por unos seis meses, después debía ponerla con una foto de mi madre. Me demoré mucho tiempo en comprar la muñeca, igual la cargué por un corto tiempo, no cumplí con el ritual.

Escuchando las experiencias de otras personas, considero que mi proceso fue muy sencillo. Mi amiga Sol tuvo que disfrazarse de muerte todo un día para su proceso de sicomagia, y otra persona conocida, según la lectura de las cartas, para liberar su proceso, debía acostarse con una mujer, la risa fue general, cuando él le dice a Jodorowsky, que como lo iba a hacer si "él era gay".

INAUGURACIÓN DE DHARMA

Con mis compañeros de yoga, tomamos la decisión de organizar la inauguración de la casa en Dapa. Para ese día, hicimos una convocatoria y subieron bastantes personas, nos acompañaron varias devotas que vivían en el templo Krishna, eran personas muy agradables, con una sencillez y calidad humana única, sin maldad ni envidia. Me sentía honrado con su presencia, pero más ellas, por haberlas incluido entre mis invitados. En el templo siempre recibí un excelente trato a pesar de que no practicaba su religión. También entre los invitados estaba Celeste, una de las mejores amigas de Aurora, que también estaba en su proceso de despertar, era una excelente lectora, manejaba muy buena información.

Iniciamos con una práctica de yoga, la cual se tornó un poco difícil, porque los perros siempre estaban a mí alrededor; apenas veían un mat o tapete en el piso, tenían que venir a revolcarse en él. Uno de nuestros compañeros dirigió la práctica, el instructor del diplomado se encargó de la cocina y nos enseñó a preparar comida vegetariana, cruda, leche de almendras, entre otras cosas. Fue un excelente día, la energía de todas las personas estaba armonizada. Mi amiga Sol y nuestro instructor de yoga se dedicaron a leer el tarot a varios de los que estábamos allí, en mi caso me apareció una carta con una rueda de la fortuna, un sol y una pareja, no recuerdo que otras más, pero era una advertencia sobre el trabajo que tenía que hacer con la pareja que llegara.

EL HOMA

Muchos de los invitados se quedaron a dormir, entre ellas Aurora y Celeste, quienes me acompañaron a realizar una práctica en horas de la mañana, que era, para la bendición y purificación de la energía de la casa. Consistía en encender el fuego sagrado en el Homa. Con unos cantos en sanscrito, nuestro instructor de yoga inicio el fuego. Se realiza sobre una pirámide metálica invertida, la cual no posee costuras o soldaduras en sus dobleces, seguramente construida por troquelado. Se utiliza la boñiga de vaca seca y el ghee o mantequilla clarificada, como elemento para la combustión.

Al prender el fuego, se inicia la ofrenda entonando otros cantos y caminando en círculos alrededor de la pirámide (Homa Kund). En cada vuelta que se da, las personas van ofrendando arroz al fuego dentro del Homa, con este fuego se logra la armonización y re-polarización de todo lo que este alrededor de él, hasta una distancia de 40 metros, según me explicaron.

El fuego sagrado, prendido en el Homa, es utilizado para recuperar las tierras para que siempre sean fértiles y se pueda sembrar y dar frutos. Lo único cierto es que desde ese día las flores en mi casa duraban más tiempo y todo alrededor de la casa se mantenía muy verde. Solo tengo gratitud a mi instructor, por haber compartido su sabiduría y bendecido mi hogar.

MÁNDALAS, CORAZÓN BLINDADO

Durante el instructurado de yoga, tuvimos la oportunidad de utilizar diferentes herramientas para el trabajo del SER, uno de ellas era pintando mandalas, la técnica era sencilla: se colocan varias figuras o mandalas juntas, en una mesa o en el piso y con los ojos cerrados, se debía escoger una figura, al azar. Para los colores, se utilizaba la misma técnica, se iban escogiendo los lápices con los ojos cerrados. Según mi interpretación personal, el trabajo con mandalas lo puedo resumir a lo siguiente: si se quiere soltar o liberar algo, se debe iniciar pintando de adentro hacia afuera y si es para contener o retener, se pinta de afuera hacia adentro. El ejercicio de pintar relaja mucho la mente, la desconecta del medio.

Nuestro instructor de yoga iba haciendo las lecturas de los mandalas. En mi caso, los colores negro y gris con que pintaba alrededor de los mandalas, reflejaban que tenía cerrado o blindado el corazón. Su recomendación fue que me comprara una mata que floreciera, para enterrarla directamente en la tierra con el mandala debajo de la mata. Cuando esta floreciera, mi corazón quedaría abierto. Compré la mata, la sembré, pero no recuerdo haber visto alguna flor en ella. Yo no era muy consciente de este cierre o blindaje, pero recordé que cuando era joven, había sufrido por las relaciones afectivas que tuve antes de irme a estudiar a Estados Unidos.

Como por arte de magia, a través de las redes sociales tuve la oportunidad de contactar a una de las tantas personas que habían sido parte de mi vida, y preciso, me encontré la mujer con la que había hecho el cierre de mi corazón. Puedo decir que fue la persona de la que me enamore, pero las cosas no se dieron como esperaba y me canse de sufrir. En el momento de nuestra separación, cerré o blindé mi corazón. Ella, Inés, era una mujer muy linda, había sido modelo y bastonera del equipo rojo de la ciudad. Nos conocimos estudiando inglés en la misma academia e increíblemente vivía a media cuadra de mi casa y nunca la había visto, trabajaba para una multinacional farmacéutica, eso sí, tenía un genio bastante fuerte y ese fue el motivo para alejarnos. Fue muy duro y difícil cuando ella desapareció, era la mujer "ideal".

El Universo había confabulado para que nos encontráramos nuevamente, pasaron casi quince años, llegó desde Valencia, España. Lo más bonito es que a pesar de los años y sin tener ningún tipo de contacto, nuestra amistad continuaba. Nos encontramos en un café de mi ciudad y hablamos mucho, como decimos en mi país "arreglamos el mundo". El tiempo no fue suficiente, pero se cumplió el propósito.

Había cosas de nuestra amistad que no tenía presente, como si existiera un bloqueo para no recordar. A medida que avanzaba nuestra conversación, ella, me contaba que en alguna oportunidad yo le había escrito una carta muy bonita; todavía la tenía guardada. Quedamos que algún día me la mostraría. Ese encuentro me mostró que había llegado el momento para abrir mi corazón. Mi aprendizaje era que las relaciones se construyen sin apegos, sin sentimentalismos, desde la conciencia del SER.

SEÑALES DE LOS ÁNGELES

El día de las brujas del 2014, subí a mi casa en Dapa con mi amiga Aurora, estuvimos conversando toda la noche, intercambiando información. Al día siguiente, aprovechamos para trabajar nuevamente el eneagrama de la personalidad. Durante nuestra larga conversación que habíamos tenido esa noche, me entere de que estaba saliendo con alguien ya hace algún tiempo, hoy su actual pareja, una historia bastante particular como para un libro, que les tocaría escribir a ellos. Terminamos el trabajo y bajamos a Cali, el día domingo. Me quedé en casa de mi madre para madrugar el lunes festivo a correr al parque de la Salud. Ese día, iba a tener dos experiencias espirituales interesantes.

En la vía al río Pance, un agente de tránsito me detiene, son las ocho de la mañana, por costumbre, yo siempre andaba con las farolas de mi vehículo encendidas, para mi mala fortuna, una de ellas estaba apagada, el señor agente me quería multar e inmovilizar el vehículo, porque esa era la ley. Las luces eran halógenas y las acababan de instalar en el vehículo, para mi buena fortuna, la persona que las instaló montaba bicicleta constantemente y ese día paso por ese lugar al lado mío, viendo mi situación, se acercó al guarda y le confirmó que las luces eran nuevas y que él había sido el encargado de instalar los bombillos. El agente ante esta situación tomó la determinación de dejarme seguir sin multarme. La luz de la farola no estaba fundida, al llegar a mi casa al apagar y prender el vehículo, se encendió. Nuevamente, los ángeles me estaban mostrando que ellos te mandan la ayuda cuando la necesitas.

En la noche, viviría la experiencia más fuerte desde que empecé mi proceso de despertar de conciencia. Estando en Dapa, me acosté como todas las noches e invoqué a mis ángeles, arcángeles, maestros, seres de luz y guías espirituales para que me dieran sabiduría. No llevaba mucho tiempo en la cama, me sentía muy relajado, pero no estaba dormido del todo. Sentí como si alguien se hubiera sentado en la cama, a mi lado y me hubiera dado un abrazo, como si estuviera sosteniéndome para que no me fuera a levantar o sentar; en ese momento confieso que sentí un poco de miedo.

Después de unos minutos, sintiendo su presencia, me quedé quieto, ya me encontraba un poco más tranquilo. Así que pude ver su fisionomía; era de tez blanca con barba, delgado, alto, pelo muy negro y crespo, iba con una especie de túnica. Mi mente era la que le daba esa apariencia, según mis creencias sobre cómo era físicamente un maestro. Era muy jovial, sonriente y afectuoso. Su nombre era Jeremías, ese ser de luz me miraba fijamente, no pronunciaba ninguna palabra, pero le entendía todo. Cuando estaba más tranquilo y en confianza le pregunté si yo llegaría a tener hijos, inmediatamente con una señal con la mano respondió que serían dos.

Todo lo que estaba experimentando era en un estado de conciencia que me producía mucha tranquilidad y paz. Fue la mejor vivencia que he tenido hasta ahora en este caminar espiritual. Traté de buscar información respecto a este maestro, pero solo aparecía que era un profeta que habían sacrificado. Igual me quedó la inquietud de que había podido ser solo un bonito sueño. Dicen que el maestro llega cuando el discípulo está listo, y en ese momento mi cuerpo y espíritu de alguna forma estaban listos para ese encuentro. Había dejado de comer carne y estaba muy conectado con las meditaciones, estaba muy "puro" por así decirlo.

Más adelante les volveré a hablar de Jeremías.

EL PODER DEL AHORA

Gracias a mi amiga Aurora tuve la oportunidad de conocer un excelente libro *El poder del ahora* y aprender un poco de su autor Eckhart Tolle, filósofo de origen Alemán, referente para cualquier persona que está en su proceso de despertar de conciencia. El autor afirma haber experimentado su despertar espiritual a los 29 años, después de haber padecido un estado de depresión y estando casi a punto de suicidarse.

La primera vez que leí *El poder del ahora*, me pareció un poco denso. Afortunadamente en esta época tenemos acceso al Internet para encontrar videos, conferencias de Eckhart Tolle, o también tener la alternativa de acceder a sus libros en audio con sus valiosas enseñanzas.

"En el libro, enfatiza la importancia de ser consciente del momento presente para no divagar en los pensamientos. En su opinión, el presente es la puerta de acceso a una elevada sensación de paz. El proceso de vivir el "ahora" pasa por aceptar que el momento presente es todo lo que importa. Evita juzgar cada situación basándote en el pasado, así como disminuir la importancia del "ahora" porque tengas la esperanza de conseguir algo mejor en el futuro. El presente es lo único que existe, y el estar aquí y ahora, nos puede ayudar a liberar mucho dolor y sufrimiento por cosas que ya no podemos cambiar o que ni siquiera han sucedido". https:// es.wikipedia.org/wiki/Eckhart_Tolle

Es un libro, que no se puede leer de corrido, es para ir leyéndolo por partes y analizar lo que el autor quiere transmitir. Igualmente, es un libro para volver a leer muchas veces, cada vez encontrarás un mensaje diferente, lectura recomendada.

YAGÉ, LA PRIMER TOMA

Alberto, era una persona de descendencia indígena, orgullosa de sus ancestros, muy formal y sociable, siempre con una sonrisa en su cara. Para esos días, sabiendo que nuestra experiencia inicial con el yagé, no fue la que esperábamos, nos invitó a una toma de la medicina, se realizaría en la Estrella, Jamundí; según nos dijeron, era la casa de un cónsul. Llegamos al condominio en la vía a la Estrella, las casas eran muy grandes, un lugar muy exclusivo. La casa principal estaba cerrada, pero en la parte de atrás había un espacio para realizar la toma. El espacio estaba pintado con colores y figuras sicodélicas, chamanicas, había lazos y ganchos para colgar hamacas, letrinas ecológicas. El sitio estaba bien acondicionado. Los chamanes tenían su espacio con todas sus cosas en el rincón más protegido del lugar.

Nos indicaron que los hombres se debían ubicar a un lado y las mujeres al otro, organizamos nuestras colchonetas en el piso, en el último espacio disponible que quedaba, estábamos un poco expuestos, a la intemperie, pero era el único lugar que había. Los chamanes y sus aprendices nos dieron una breve inducción sobre la toma, explicaron que veríamos situaciones un poco desagradables, pero se podía hacer una súplica al bendito yagé, para evitar ver esas situaciones; de alguna forma teníamos el permiso para cambiarlas.

Iniciamos con rapé, tabaco por la nariz, como siempre no sentí nada. La primera toma nos la dieron a la media noche, nos sirvieron una taza llena a cada uno. Ellos iban rezando el yagé de acuerdo a la percepción que tenían de cada una de las personas que iban pasando. Los primíparos éramos los últimos en tomar. Luego seguirían las mujeres. Cuando llegó mi turno, los chamanes dijeron que estaba listo y que no tenía ningún problema. La verdad iba preparado, tenía mi intención clara y por supuesto lo hacía con el mayor respeto a los elementales y con la gratitud infinita hacia la madre tierra.

Describir el sabor del yagé es difícil, es una bebida muy amarga, no es manchosa porque no se siente en la lengua, cuando se traga parece que llegara directo al estómago. Vi algunas personas que pasaban el yagé con algo de dulce, como un chocolate. Apenas se hacía la toma, los chamanes recomendaban que nos acostáramos, con la intención de que el cuerpo no rechazara el yagé. Cada uno se iba acomodando en su hamaca o colchoneta a esperar el efecto, se podía demorar más o menos de media hora a una hora. En mi caso fue media hora, cuando surtió el efecto, empecé a ver imágenes como una matrix, hexágonos pequeñitos, los árboles adquirían vida, se percibía de forma diferente la realidad.

La intención en esta primera toma era afrontar mis miedos, no sabía cuáles exactamente iba a trabajar. Fuera de las visiones que mencioné, también vi figuras que se perdían en las luces alrededor de los baños, sombras que pasaban y se desaparecían en la luz de las velas. Al cabo de una hora me levanté a vomitar la medicina, no la podía retener más en el cuerpo. Después entendería que en ese momento estaba eliminando mis miedos; como eran mentales, por eso lo hacía por vía aérea, a través del vómito. Fue allí donde le perdí el miedo a vivir "solo" en Dapa. Ya podía llegar tarde a mi casa y no sentía ningún tipo de temor, no tenía que bajar todas las persianas, prender las luces y el televisor a todo volumen para dormir, todo eso se acabó.

A las dos y media de la mañana, preguntaron si alguien quería hacer otra toma, lo hice nuevamente, me entregaron otro pocillo, y su sabor igual muy amargo, todavía lo tengo en mi memoria. La nueva intención era la pareja, le pedí al yagé que me dejara ver quien sería la pareja que el Universo había dispuesto para mí.

Me acosté nuevamente sobre la colchoneta en el piso, pero no pude conectarme con la experiencia, ni recibir ninguna respuesta; porque mi gran amigo Kike con el que fui a la toma, empezó a comportarse un poco extraño, me describía lo que él estaba viviendo. Hablaba cosas incoherentes de mujeres sensuales, del prana, se movía y hacía como si estuviera construyendo angelitos en la nieve. Ese fue su comportamiento durante el resto de la noche, así que no logré conectarme con el yagé. En la segunda toma no pude cumplir el objetivo. De las cuatro a las cinco de la mañana tuve que esperar sentado a que amaneciera y ver a mi amigo en su proceso; difícil de describir. Nos bajamos del sitio a las siete de la mañana, sin la limpieza final que se debe realizar después de cada toma. El regreso a Cali, fue toda una odisea, mi querido amigo se quedó en el viaje y solo pudo "despertarse" después de unas semanas.

GRADUACIÓN DEL INSTRUCTURADO DE YOGA

En diciembre de 2014, terminé el instructurado de yoga, fue una época de muchos aprendizajes y trabajo espiritual. Lo más valioso fue las personas que conocí y las amistades que aún conservo, a las que llamo la "Tribu". Cada una de las personas que pasaron por el templo tenía su historia de vida, todos con caminos muy similares, algunos con más recorrido que otros, con sus propios conocimientos y sabiduría.

A partir de ese momento inicié mi verdadero trabajo espiritual. Las prácticas de yoga las realizaba casi a diario. Era la forma para desacelerar y para mantener mi forma física y mental. Durante casi cuatro años las prácticas las realicé en el templo de los Krishna, en el centro de Cali. Era un lugar mágico, con muy buena energía, donde se sentía mucha tranquilidad. A medida que pasaba el tiempo fui ganando elasticidad, era gratificante, tenía un control más consciente de la respiración, me ayudo a tener una mejor oxigenación en mi cuerpo.

VEGETARIANOS

Cuando terminamos el instructurado de yoga, los que quisiéramos prepararnos como instructores debíamos hacer otro curso de tres meses, el cual no realicé porque había una condición con la que no estaba de acuerdo totalmente, debía ser vegetariano.

Para los que no conocen existe una diferencia entre el vegetariano y el vegano, el primero no come carne y algunos alimentos de origen animal. El vegano no come nada que sea de origen animal y tampoco usan ropa u otros elementos que se hayan elaborado con la piel o la grasa de algún animal.

Sin proponérmelo, empezaría a cambiar mi estilo de comer y tendría una dieta vegetariana. Todos los sábados, durante el instructurado, almorzaba en el templo, la comida tenía muy buen sabor; la verdad no sentía la necesidad de comer carne, saque esa proteína de mi dieta. Hice un tour por casi todos los restaurantes vegetarianos que había en Cali, siempre iba con mi amiga Sol o con Aurora. A veces invitaba a mi amiga Andrómeda, pero a ella si le encantaba comer carne, me decía que veía una vaca y se la imaginaba en trozos de asado.

En mi casa en Dapa al principio compraba carnes embutidas vegetarianas, de muy buen sabor, las hamburguesas de lentejas eran excelentes y los tamales vegetarianos hacían parte de mi dieta.

En las reuniones familiares me preparaban comida aparte, aunque me daba un poco de pena incomodar, estaba muy comprometido con mi dieta. Pero empezó a surgir una serie de problemas y era que no preparaba nada para sustituir la proteína, no comía ensaladas, ni nada por el estilo. Cuando almorzaba en los restaurantes comía los nutrientes necesarios para mi cuerpo, pero cuando me tocaba preparar la comida, que era la mayor parte del tiempo, no lo hacía correctamente.

Con el tiempo mi cuerpo empezó a pasar la factura de cobro, seguí con mi rutina física de ejercicios y a perder mucha masa muscular, la piel perdió su brillo. Así que por recomendación del médico tuve que volver a comer carne; pero no en las mismas proporciones que lo hacía antes y decidí sacar de mi dieta las carnes embutidas.

De acuerdo a la información de Escuela de Magia de Amor, el alimento inicial de los hombres eran los granos y los vegetales, regresar a ello, sería lo ideal. Pero el hombre consume carne por cultura, porque así ha sido por años y cambiarlo no será fácil. Consumir carne no es que tenga algo de malo, sino que es muy manipulada, viene cargada con químicos y es sometida a procesos con hormonas para incrementar su volumen. Por otro lado trae una carga de energía negativa, creada con el estrés del animal en el momento del sacrificio, al consumirla indirectamente recibimos eso. Para las personas con un desarrollo espiritual más avanzado representa un desgaste energético innecesario.

INTROSPECCIÓN: ASUMIENDO MI NUEVA REALIDAD

ASTROLOGÍA

En los primeros meses del 2015, conocí a una gran persona, y además muy sabia, Víctor C; astrólogo, autodidacta, con una historia de vida y superación de admirar. Tenía una gran disposición para compartir todo el conocimiento que poseía. Mi amiga Sol y mi instructor de yoga eran sus discípulos, ambos estudiaban con él.

Cuando empezamos a trabajar, me manifestó su interés para que me convirtiera en su alumno y aprendiera astrología, pero en ese momento no me atraía el tema. Aunque me parecía una herramienta muy bonita. Una de las cosas que más me impresionaba era como nos podía marcar la fecha y la hora de nacimiento en nuestra vida. Cuando realizamos la lectura de mi carta astral, encontramos ciertos patrones de conductas que estaban determinados por los planetas regentes en el momento de mi nacimiento. Tenía una aplicación que le ayudaba a generar la carta con solo colocar los datos. Me hablaba de cuadraturas, de regentes, las casas de cada planeta, etc.

Su sistema de trabajo era el siguiente: con base a la información que iba saliendo en la carta astral, me iba entregando lecturas para realizar.

Fue la época en que más he leído. Me entregaba artículos con una valiosa información: "¿Cómo pensamos?", "¿Creencias?", "¿Dificultad para cambiar?", "El autoengaño", "La sombra", "El SER", "Testigo", información en la que trabajamos semana a semana. También me compartió sobre autores como Krisnamurty, P.D. Ouspensky, G. I Gurdjieff, CG.Jung, Helena Petrova Blavatsky entre otros. Me recomendó dos libros, *El caballero de la armadura oxidada* de Fisher y *La biología de las creencias* de Bruce Lipton. Nos reuníamos una vez a la semana y analizábamos las lecturas que me había entregado.

Como todos los seres humanos teníamos nuestras diferencias. Aunque las predicciones de Víctor, eran muy acertadas, no lo fue tanto respecto a la llegada de mi pareja. En esa época estaba saliendo con Eugenia, una amiga psicóloga, él me ayudó mucho a entender lo que me sucedía con ella. Sus consejos y sabiduría fueron de gran utilidad para comprender como funciona la atemporalidad del ego; ya que todo lo quería de inmediato. En mi mente la película de una relación se creaba de forma instantánea, no fluía con el Universo.

Durante casi diez meses me compartió mucha información, todavía la guardo como un gran tesoro, era una persona que había leído mucho, enfrentó situaciones difíciles en su vida que le permitían hablar con conocimiento de causa. En sus manos tenía copias de los primeros manuales que existieron de la Escuela de Magia del Amor, los cuales me compartió. Fue un tiempo de mucha introspección, pasaba días enteros solo en mi casa en Dapa, analizando, procesando e interiorizando todo lo que había leído.

TRABAJO DE PAREJA (NIVEL I)

Para principios de marzo, una amiga, Lilo, quien fue mi asistente en el call center de Cali, me invitó a una inauguración de un café en Dapa. La dueña era su nueva jefa. Sin pensarlo pase por el lugar y alcancé a ver una persona invitada que me llamo mucho la atención, Eugenia.

Desde ese momento sentí un impulso por decirle que me encantaría conocerla, la verdad nunca había abordado a nadie de esa manera. Pero una enseñanza que me había dejado Gerardo Schmedling, era que uno debía decir lo que sentía, porque por el miedo al rechazo nos perdíamos de oportunidades. Con el tiempo lograría que la nueva jefe de mi amiga, Lilo, me la presentara, habían estudiado psicología juntas.

Después de conocer a Eugenia, logré con mucho esfuerzo que saliera conmigo. Antes de la primera salida, la "investigué", veía sus publicaciones en redes, lo que me ayudó a crear mi propia imagen de ella. Cuando por fin logré concertar una cita, me parecía una mujer muy atractiva y me gustaba mucho. Por las conversaciones que sostuvimos, descubrí que era una mujer muy inteligente y tenía una energía sensual que me desbordaba. Salimos en muchas ocasiones y tuve la oportunidad de compartir con ella en diferentes escenarios; todo marchaba muy bien, nos entendíamos de maravilla, pero yo en mi cabeza ya me estaba imaginando una relación con ella y es ahí donde me enfrente a la atemporalidad del ego. Yo quería que se fijara en mí y gustarle de la misma manera como ella me gustaba.

Siguiendo la teoría de Gerardo Schmedling, por fin tomé valor y le manifesté que ella me interesaba. A penas tuve la oportunidad, le hablé sobre las leyes de la naturaleza, donde por instinto cuando alguien nos atrae, es porque genéticamente son compatibles. Al final ella fue sincera, me aclaró que no quería una relación amorosa conmigo, solo me veía como un amigo. Asumí con humildad su decisión, pues en el corazón nadie manda y no podía obligarla a sentir algo diferente por mí.

Como amigos compartíamos mucho tiempo, salíamos a cenar, a pasear, a cine, siempre que hubiera la oportunidad estábamos juntos. Nunca hubo nada entre nosotros, pero volvía aparecer mi sombra del número dos del Eneagrama. Siempre dando más en las relaciones, aunque solo fuéramos amigos, no recibía nada a cambio. Estaba repitiendo la lección, algo me faltaba por aprender y por eso estaba viviendo una situación similar. No fue fácil, hubo momentos de mucha tristeza, conflictos personales, de nuevo me estaba relacionando desde los apegos y desde las expectativas. Ella como psicóloga me hacía lecturas muy fuertes sobre mi personalidad, me decía verdades que no quería escuchar.

Afortunadamente, con el apoyo de mi astrólogo Víctor, pude manejar lo que estaba viviendo. Fue una etapa de muchos aprendizajes, pero sin derrumbarme. Vuelvo y repito, el Universo es sabio y justo, así que decidió por mí y se llevó a esta persona de mi vida. Le resulto un trabajo en otra ciudad y se fue. Aunque con ella no pasaba nada, pero si no se hubiera ido de la ciudad estuviera pegado a su lado por mucho tiempo más, aunque sabía que no tenía ningún futuro.

Solo siento hacia Eugenia mucha gratitud y mucho amor por haberme permitido cumplir el compromiso de almas que teníamos. Las personas que estaban a mi alrededor nunca entendieron el porqué yo estaba con ella, pero el trabajo es individual y fue mucho lo que me ayudo a avanzar y a entender.

COACHING ESPIRITUAL

Conocí un coach a través de mi amiga Aurora. Luis, era una persona muy agradable, tenía buen manejo del lenguaje, con mucho conocimiento, pero también quería que me volviera su discípulo; algo que tampoco estaba en mis planes para ese momento. Trabajábamos una vez por semana, una hora exacta y nos enfocamos en tres objetivos: la pareja, el dinero y el éxito.

Gracias a él logre identificar un patrón que se repetía en la parte de mis negocios y en la parte laboral que me había marcado por mucho tiempo. El patrón que descubrimos ya finalizando las terapias era que siempre había estado trabajando sobre una línea muy delgada de lo legal y lo ilegal.

A lo largo de mi vida laboral, trabajé con personas que realizaban actividades no muy legales. Como estamos acostumbrados a una cultura permisiva, si el otro lo hace, yo lo hago; no era visto como algo malo. Al hacer un recuento de mi vida, siempre vi que mi padre trabajaba honestamente, pero no conseguía dinero, ni éxito como otros. En cambio uno de mis tíos queridos, siempre hacía negocios no ilegales; pero si aprovechaba sus contactos para obtener beneficios financieros. No estoy juzgando ni culpando a mi tío por lo que yo hice, gracias a él pude tener la experiencia de vida que necesitaba. Vengo de una familia numerosa y gracias a ello tuve la oportunidad de tener muchos espejos, para saber qué era lo que quería o no.

Analizando la mayoría de mis trabajos, siempre estuve al filo de la navaja, por así decirlo. A través de esta introspección, pude reconocer que el Universo siempre ha confabulado para sacarme de las experiencias que ya no me correspondían.

En el año 2009, establecí mi propio negocio en Estados Unidos, todo empezó muy bien, pero seguía el mismo patrón, algo del negocio no era correcto. En el 2013, me llegó el primer aviso, uno de los procesos del negocio fue descubierto por uno de mis proveedores y declarado como ilegal. En el 2014 el otro proveedor hace el mismo descubrimiento, lo declaran ilegal y me toco cerrar la compañía. Todo el trabajo de cinco años, buscando posicionar la compañía, se fue al piso; al parecer, un empleado de ellos, con el que yo trabajaba esporádicamente, venía haciendo fraudes a través de este proceso y asumieron que fue mi compañía la que lo hizo.

Para tratar de transmutar esto con mi coach, hicimos una mezcla de sicomagia y religión, le entregué todas estas relaciones "ilegales" al Espíritu Santo. En cada imagen del Sagrado Corazón, le pegaba un muñeco que representaba cada una de estas relaciones, fueron como 12 o 14, realicé una oración para cada uno, prendí algunas velas y los dejé expuestos como en un altar por varios días. Los muñecos los lavé, limpié con alcohol, los dejé al sol y al agua para que se limpiara su energía.

Posteriormente, se los regalé a niños de la escuela que había cerca a mi casa en Dapa. Las imágenes se trasmutaron con el fuego.

Mi vida me estaba dando a entender que, si era coherente con mi trabajo espiritual, todo de ahora en adelante tenía que ser correcto; lo ilegal, por pequeño que fuera, no hacía parte de mi vida. Dejé de tener terapias con Luis porque ya había cumplido su propósito, siento mucha gratitud hacia él, por compartir su sabiduría y por ayudarme a ser consciente de los errores que había cometido.

UN CURSO DE MILAGROS

Con mi amiga Aurora, empezamos *un curso de milagros*, su promotor era el español, Enric Corbera, muy buen orador, quien recorre el mundo promocionándolo y compartiendo sus experiencias con el curso. Otra persona que maneja muy bien un curso de milagros, es la española Marta Salvat, con ella pude avanzar mucho más que con Enric.

Según la información en el prefacio del libro podemos leer esto:

"La información se canalizó a principios de los 70, por una señora alemana Helen Schucman y escrito por William Thetford, ambos catedráticos de la Facultad de Medicina y Cirugía de la Universidad de Columbia, en la ciudad de Nueva York".

"De acuerdo a lo que relataba Helen, un día se encontraba trabajando en una Institución académica de gran prestigio, y de repente surgió una serie de acontecimientos que ella jamás habría podido predecir. En un inesperado momento su jefe se le acercó y le manifestó que estaba cansado de sentir ira y agresividad y que era una actitud que quería cambiar y le dijo que debía existir "otro camino".

> *"Ella interiormente sabía que podía ayudar a su jefe y eso la impulsó a crear un curso de milagros "el otro camino". Los tres meses posteriores ella empezó a escribir todo lo que soñaba, hasta que un día tuvo su primer contacto con una voz que le decía "Este es un curso de milagros".*
>
> *"En el prefacio del libro, aclara que el principal propósito es dar las herramientas para que algunas personas puedan encontrar su propio Maestro Interno".*
>
> *"La idea es que a través de un curso de milagros las personas salgan del mundo de la percepción, ilusorio, en la cual se encuentran atrapadas. El verdadero ayudante para lograr esto es El Espíritu Santo. Su objetivo es ayudar a que las personas escapen del mundo de los sueños, enseñándoles cómo cambiar su manera de pensar y como corregir los errores".*

Según la canalizadora de *un curso de milagros*, Helen Schucman, este le fue dictado por Jesús, que en mi parecer fue el maestro humano con más sabiduría que ha venido a la tierra y que vino a dejarnos un mensaje muy poderoso *"la fuerza más grande del Universo es el Amor"*. Ese fue el mensaje que también recibí realizando este curso.

LA EXPIACIÓN

Por una situación de vida, que bautice como problemas de identidad, estaba metiendo a mi hermano gemelo idéntico, en un problema complicado. De alguna manera siempre había abusado de la buena disposición de él para ayudarme en lo que yo necesitara. En varias ocasiones se hacía pasar por mí. Ya lo habíamos hecho en la universidad y nadie se había dado cuenta. Con las parejas no fue posible el cambio de novias, ya que éramos muy diferentes en la forma de relacionarnos, él era demasiado introvertido. Él siempre fue buen estudiante y muy juicioso. Yo un poco lo contrario.

En una situación le pedí de nuevo ayuda a mi hermano, le dije que hiciera un examen por mí y se tomara una foto para un documento que yo necesitaba obtener. Pensé que no tendría mucha trascendencia. Pero a raíz de esto surgió un problema por las nuevas tecnologías. Hubo un reconocimiento facial y se descubrió toda la verdad. Se percataron que su foto estaba en un documento mío.

Lo que había pasado era muy grave y hubiera traído consecuencias para él, por falsedad en documento público, no sabía cómo resolver ese asunto. Me encontraba muy preocupado y apenado con mi hermano, por haberlo metido en ese lío tan complicado. En ese momento estaba trabajando *un curso de milagros*, y me llegó una luz para resolver la situación. De algo tenía que haberme servido todo lo que había aprendido, sentí que debía hacer uso de la ***Expiación***; consiste en entregarle esta situación al Espíritu Santo para que la transmute. Reconociendo mi error de corazón y con el compromiso de nunca volver hacerlo, era la base de la expiación, o por lo menos así lo entendí. Afortunadamente y gracias al Espíritu Santo se pudo superar esa situación.

FLUIR

Una de las situaciones más difíciles para mí era comprender que las cosas llegan cuando te corresponden. Sí quieres algo, debes actuar; la acción es la única condición para que las cosas se muevan. Si me quedo quieto nada pasa y no me llega lo que necesito realmente.

Tratar de entender cómo trabaja el Universo y soltarse a recibirlo no es fácil, y menos por la cultura en que estamos inmersos. Durante muchos años nos vendieron la de idea que solo esforzándonos y trabajando demasiado se consigue dinero, abundancia y prosperidad. Claro que si se debe actuar, pero es necesario aprender a interpretar las señales del Universo y descubrir que es lo más conveniente. Siempre estamos "luchando" por lo que queremos, sin importar como lo obtenemos, allí, es donde perdemos nuestra comunicación con el Universo. A esta vida vinimos a ser felices y a vivir en paz.

Es sencillo, si las cosas te convienen van fluyendo y todo va cuadrando de una forma impresionante, a veces difícil de creer. Muchos lo comparan con un rompecabezas, todas las fichas van encajando. El Universo siempre responde, como cuando recibí la llamada de un cliente nuevo, habiendo acabado de lanzar la pregunta al aire, como lo describí anteriormente en el libro.

Leer las señales del Universo, es otro ejercicio interesante, les cuento otra experiencia y como fue mi interpretación. A mí, toda la vida me ha gustado estudiar e ir a la universidad, siempre quería seguir preparándome para mi vida laboral. Iba a empezar un Diplomado en Gerencia Estratégica, con una de las mejores universidades del País, a través de un convenio con una cooperativa a la que estoy asociado, todo fue perfecto.

Los horarios estaban bien, conseguí el dinero para pagar, todas las variables estaban a favor. Pero vaya sorpresa que me llevé, había pagado el diplomado y asistido a unas cuantas clases del primer módulo, recibí un mensaje de la universidad con una noticia donde cancelaban el diplomado por falta de quórum. Al siguiente mes se abre otro curso, pero de Gerencia de Ventas, en la misma cooperativa; el cual pagué y también lo cancelaron.

¿Qué me quería decir la vida? Sencillamente que no siguiera estudiando o por lo menos ese no era mi camino. Lo entendí y desistí de la academia. Desde ese momento mis estudios eran relacionados a otros temas como lo contaré más adelante.

SANANGA

Para agosto del 2015, mi amiga Eugenia, con la que salía constantemente; pero no éramos pareja, me invitó a una clase de yoga en el barrio Vipasa. Como cosa curiosa era en la misma cuadra donde había vivido hasta cuando tenía 4 o 5 años y justamente la clase la estaban dictando en una casa al lado de donde quedaba la nuestra. Me trajo muchos recuerdos.

En la reunión conocí a mi otra mentora de yoga, Caro. Ella y Eugenia, eran compañeras de estudio de la universidad, también era psicóloga. Sus prácticas de yoga eran variadas, a veces hacíamos hata yoga, otros días kriyas de kundalini, aero yoga o clases de estiramiento. Siempre colocaba música, me encantaban las canciones en sanscrito, aunque no lo entendiera, sabía que los mensajes eran poderosos. Cada semana salía con algo nuevo, por lo general eran prácticas bastante exigentes.

Caro, tenía un gran compromiso con el yoga y estaba segura de lo que quería en esta vida. Su propósito era realizar un servicio de amor desinteresado. Su alma era muy bonita e inspiraba tranquilidad. Ella era otra buscadora, contantemente estábamos haciendo rituales de sanación y de limpieza. La verdad disfrutaba mucho su compañía, estuvimos juntos por mucho tiempo hasta que nos alejamos por el nacimiento de su bebé. La consideraba una persona muy conectada, con ella tuve la oportunidad de conocer el SANANGA.

El sananga, son unas gotas que se preparan de la raíz y de la corteza de la Tabernaemontana Undulata, son provenientes del Brasil. Estas gotas son consideradas como una medicina sagrada, que se usa para curar dolencias físicas y espirituales, para despejar la mente y hacer una limpieza de energías bloqueadas. Cuando las gotas caen en los ojos, la sensación es indescriptible, tienen un efecto muy fuerte, y arden mucho, casi el mismo efecto que se produce cuando cae una gota de limón en el ojo, con la diferencia que esta sensación con el sananga es duradero y te llega hasta el cerebro como una corriente eléctrica. Todo termina cuando recuperamos nuestra capacidad de poder abrir los ojos, después de unos quince minutos más o menos. En mi concepto también se busca despertar la glándula pineal, me recordó en parte a lo que viví, con el rapé, con la diferencia que aquí no había opción de no sentir nada. Mi experiencia con el sananga fue muy corta.

LOS ESENIOS

Mi amiga Aurora y yo teníamos la costumbre de mercar en la galería Alameda y después nos sentábamos a desayunar. Hablábamos por horas sobre temas espirituales, compartíamos experiencias y conocimiento. Un día en nuestros encuentros me pregunta que si yo todavía tenía el ***manifiesto de María Magdalena***, un escrito que me había llegado hacía algún tiempo, pero que no había analizado con detenimiento. En el momento no me acordaba donde estaba, pero me comprometí a buscarlo en mis archivos para posteriormente enviárselo.

Esa misma noche, al llegar a casa en Dapa, me senté en el comedor, en frente de mi computador portátil, a realizar la búsqueda del manuscrito por internet y logré encontrarlo. En esa búsqueda, hallé información del señor Xavier Pedro Gallego. Empecé a vibrar demasiado con lo que estaba escuchando. Pude encontrar muchos videos, y a medida que los iba viendo aprendí sobre variados temas, como las diferentes razas con las que compartimos este Universo, las ciudades intraterrenas, la red de cristales que rodea la tierra, entre otras. Lo que más me llamó la atención es cuando habla sobre Jesús. Él establece que esos treinta años, donde no sabemos de él, estuvo bajo la protección y enseñanza de la escuela de los Esenios.

Si revisamos en la biblia no se habla mucho de la infancia o juventud de Jesús. Sabemos que nace en Belén y luego aparecería en los templos compartiendo sus enseñanzas. De acuerdo a lo que estuve leyendo, aunque muchos no lo crean, la conciencia de Jesús Cristo vino a tomar posesión a los 30 años de su cuerpo y de la personalidad que estaba lista para recibirlo.

Como no era un ser normal, necesitaba una genética especial, la cual no existía en la tierra en ese momento. María fue fecundada por un ser de otra dimensión, y "concebida por obra y gracia del espíritu santo". Mi interés frente a esta teoría no era crear polémica, solo compartir una información más lógica, diferente a las enseñanzas de la iglesia católica.

Lo hablo desde mi experiencia, por haber sido educado en colegio de curas. Aunque me considero Católico, no comparto las políticas de la iglesia como institución. Hay demasiados secretos que se manejan internamente y no sacan a la luz muchas verdades. La información que comparto en este libro la conocen los sacerdotes y he tenido la oportunidad de escucharla en sus sermones.

Si abrimos nuestra mente, Jesús Cristo fue un ser humano que vino a vivir experiencias de vida como la crucifixión con todo lo que representaba. Tuvo tentaciones y vino a dejar el ego, por medio de la crucifixión. Esa conciencia nos dejó muchas enseñanzas en tan poco tiempo, pero desafortunadamente nos conformamos con la interpretación de la iglesia.

Para mí, José, María y María Magdalena hacen parte de una jerarquía de maestros ascendidos; quienes se prepararon en el antiguo Egipto para cumplir la función que les encomendaron, no eran esas sencillas personas como nos quisieron vender a través de los años. La representación del pesebre tiene una simbología poderosa. *"Es un lugar muy humilde (exento de ego), que denota pensamientos puros, mansedumbre y constancia"*.

Xavier Pedro Gallego, realiza cada año un retiro de una semana, para recrear la experiencia de vivir como los esenios, estuve tentado a realizar el viaje, pero no me correspondía. Como sucede con la gran mayoría de información, la de Xavier Pedro Gallego, maneja lo mismo que se enseña en la Escuela de Magia del Amor de Gerardo Schmedling.

ALQUIMIA Y ELIXIR

Para mediados del 2015, mi gran amigo, Kike, me insistía en que debía conocer un poco sobre algo que él había descubierto, a lo que le estaba dedicando gran parte de su tiempo. Se había mudado temporalmente a Bogotá, para realizar unas prácticas. Aproveché su invitación y viaje a la capital, a experimentar algo nuevo. Se llamaba alquimia, el proceso, como lo recuerdo, era con el uso de unas tarjetas pequeñas, que venían cada una con un nombre y una especie de sello.

Sobre cada sello se debía colocar una botella con agua y se debía repetir la siguiente frase: "luz consciente y radiante que es la realidad" se leía el nombre del sello. Por ejemplo "casa de armas" y se tomaba un trago de agua. Por cada sello, se debía repetir el mismo proceso, no recuerdo cuantos sellos eran, fue casi una hora tomando tragos de agua y repitiendo la misma frase. Según entendí, a través de la ingesta de esta agua, el cuerpo se iba cargando energéticamente, llevándote a un estado de consciencia más elevado. Me sentí un poco mareado después de hacer este procedimiento. Llegué un día jueves a la capital, y esa misma noche, mi amigo Kike, nos pagó una toma particular de algo que llamaban Elixir. Según me explicaron, el elixir es el resultado de la manipulación del Yagé, a través de un proceso de alquimia que realizan en Venezuela, le quitan lo chamanico para que no fuera tan fuerte.

La toma de este elixir lo realizamos en un lugar cerca al parque de la 93, una zona muy comercial de la capital. Fue en un bonito salón cerrado, con pisos en madera, cómodas sillas y baños muy aseados. Éramos seis personas con la facilitadora. Conocí a la nueva novia de mi amigo, María, y a su suegra Luna. Ambas excelentes personas, despiertas y con un recorrido espiritual interesante. También estaba el sobrino de su exesposa y otra joven, de quien no recuerdo el nombre, a quien había conocido en ese lugar y de acuerdo a lo que había surgido en otra toma de elixir, ella había sido su hija en otra vida.

El sitio tenía una decoración muy sobria, me llamo mucha la atención, unas casitas construidas con pequeños tubos, eran casitas de energía bastante costosas. En el techo colgaba un cubo del arcángel Metatron, que cuando prendían las velas se empezaba a mover. Nos sentamos en círculo y nos explicaron un poco la dinámica del ritual.

Ellos tenían una especie de protocolos que seguían de acuerdo a lo que fueran a trabajar. No recuerdo muy bien los temas, pero eran para ayudar a liberarse de tanta información limitante o para limpiarse de malas energías, íncubos o wichos. Cada uno pasó y tomó una copa del elixir, la verdad para mí tenía casi el mismo sabor que el yagé, muy fuerte y amargo. Nos sentamos e iniciamos el protocolo, la facilitadora iba leyendo las instrucciones y cada determinado tiempo se repetía la frase que se hacía en alquimia, *"luz consciente y radiante que es la realidad"*, se bebía agua y se decía el nombre que ella nos daba.

Al cabo de una media hora, las personas a mi alrededor empezaron a sentir el efecto del elixir. Algunos se movían, decían que les estaban saliendo lo wichos o demonios, yo solo observaba. Mi amigo, Kike, estaba obsesionado con limpiarse totalmente y pedía constantemente más elixir. Empezamos tipo siete de la noche y salimos casi a las cuatro de la mañana, a buscar un lugar donde comer algo. Esa madrugada sucedió lo mismo que me había pasado en la toma de yagé con mi amigo. Se quedó en el viaje, cuando llegamos a dormir, él se quedó hablando y peleando con su imagen en el espejo, no sé hasta qué horas. Al día siguiente decidí que no haría otra toma, no estaba seguro de querer vivir lo mismo del día anterior.

El sábado, acepte darle otra oportunidad al elixir y fui a la toma, solo iríamos Kike, su novia y el sobrino de la exesposa. Esa noche había mucha más gente, era una toma para personas con un nivel socioeconómico alto. Cada puesto, tenía un costo de doscientos cincuenta mil pesos colombianos. Las personas que iban, llevaban aditamentos para la toma, eran como tubos de ensayo y dentro de ellos tenía aceite con energía. Recuerdo, haber visto a alguien con una especie de espada de luz o de leviatán. Iniciamos el mismo ritual, tomando cada uno un espacio en el lugar. Bebimos el elixir y volví a lo mismo, a ser un observador más. Me divertía viendo el comportamiento de cada individuo, la forma en que se conectaban con lo que estaban haciendo, se veía que estaban comprometidos con su proceso. Según entendí, el elixir ayudaba a quitar las capas externas, se asimila a las capas de la cebolla, entre más tomas, más pueden profundizar e ir limpiando tu SER, sacando los demonios o wichos.

La verdad, yo no logre ninguna conexión a través del elixir, no vi nada. Si me llegué a sentir un poco mareado, y en el último día como llevaba cobija, me dedique a dormir. No volvería a tomar más elixir, mi amigo Kike, si seguiría haciéndolo. Él compraría varias casitas de energía, para continuar con sus rituales personales. Con el tiempo dejaría de beber el elixir porque le estaba afectando su cuerpo.

FALSOS MAESTROS

Un día, estando en la práctica de yoga, mi instructora Caro, nos comentó que en la siguiente clase habría un invitado, una persona recomendada por sus amigos. Mi amiga Eugenia quería que lo conociera y le diera mi concepto. Tuve la oportunidad de conocer este *"maestro"* y de verdad no sentí nada malo con él, no veía maldad, ni nada que me hiciera preocupar.

En su charla se nos presentó como un emprendedor, con diferentes negocios en Colombia, recuerdo que hablaba de una fábrica de cartones o algo por el estilo. Él quería formar una Universidad de Metafísica en Colombia y según lo que nos dio a entender, todo el proyecto estaba listo. Nos contó que él, desde muy niño, se había preparado para este trabajo, enseñar metafísica y encontrar personas que quisieran seguir ese camino. Inicialmente, se ofreció a escribirnos nuestra carta astral en arameo.

Era una persona bastante ilustrada y manejaba muy bien toda la información de metafísica. Tenía un don o un poder muy particular. Para tener nuestra carta en arameo, él necesitaba hacernos una limpieza que solo se lograba separando nuestra alma del cuerpo momentáneamente, de esa forma él podía saber si teníamos íncubos o energías adheridas al cuerpo.

Cuando él colocaba sus manos debajo de las orejas y ejercía presión en esa área, las personas parecían que se iban a desmayar, perdían la fuerza en las piernas, como si estuvieran flotando. De acuerdo a lo que él veía, determinaba el paso a seguir, a algunos los mandaba a comprar agua de rosas para que se limpiaran las manos por varios días, a mí me mando solo a lavar mis manos con agua bendita. Después debía ir a misa y comulgar, nos explicaría que la fuerza de estos ritos sagrados como la comunión, eran muy poderosos.

Cuando estábamos listos o limpios, nos hacía la lectura de la carta, la verdad escribía de una forma impresionante, no conozco el arameo, pero me encantaron sus jeroglíficos. Él, la iba leyendo y le daba su interpretación. En mi caso me dijo lo que yo quería escuchar, era como si hubiera leído mis recuerdos o interpretaciones sobre lo que había sucedido en mi vida. Me mencionó, que alguien me había realizado un trabajo, para que una persona que yo amaba me abandonara, según él, esa era la pareja que el Universo había escogido para mí, y ella, se llevaría la prosperidad y la abundancia que me correspondía. Recuerden esto.

Luego me dijo que me casaría con una mujer muy joven, y que tendría dos hijos y otras cosas más que no recuerdo. Me dio hasta los números de la lotería que debía jugar. De vez en cuando los jugaba por sí corría con suerte, si ganaba tenía que aportar el diez por ciento, para la construcción de la universidad que, según él, ya tenía muy adelantada, pero que necesitaba un poco más dinero para finalizar.

Además me dijo que me debía comprar una piedra o un cuarzo para ayudarme en la limpieza de la energía. Como no sabía dónde conseguirla, se ofreció a pedirla por mí, a Bucaramanga, por un valor de sesenta mil pesos colombiano. El dinero debía ir en un sobre blanco con mi nombre y el nombre de la piedra. Se me hizo como extraño, pero tampoco era mucho dinero. Mi amiga, la psicóloga, le consignó un poco más. Ella estaba muy satisfecha con el trabajo que estaba haciendo con él "maestro", porque según su criterio, todo estaba fluyendo y se estaba moviendo de manera positiva. Por ese motivo, confié en su trabajo, y decidí invitar a mis amigas de yoga, para que también se hiciera la carta con el "*maestro*".

Sol y Aurora empezaron a ir conmigo a las clases de metafísica los días miércoles. Mi amiga Celeste llegaría a él por otra parte, pero su intuición le decía que no volviera, así sucedió con otra amiga de yoga, Andrea, la abogada que tampoco regreso. Andrea me manifestó que esta persona no le inspiraba confianza. Este personaje tenía un poder de convencimiento y de oratoria admirable, logro reunir a muchas personas que andaban en su proceso espiritual y se ganó su confianza. Las reuniones eran interesantes, hablaba de mudras, prácticas de rituales para despertar la energía y cosas así.

Empezó a prometer cosas que no cumpliría, sobre hacer un viaje en astral, donde teníamos que vestirnos de blanco, yo iba de colores porque a mí nunca me escogía, a algunos les decía que se quedaran para trabajar después de las clases, armaba grupos y decían que eran los elegidos, que eran de otras razas.

Recuerdo también que nos dijo que él nos ayudaría a despertar nuestros dones. Él quería que mi amiga Aurora estuviera en todas las reuniones y la citaba a trabajar en otras horas, pero ella no le cumplía. A ella, le dijo cosas en la interpretación de la carta en arameo, que nadie sabía, es como si también le hubiera leído sus recuerdos. Al principio todo era muy interesante, empezó a hablar del Kibalion y entendí que por eso había aparecido en mi vida, para compartirme esa información.

Deje de ir porque ya no vibraba con sus charlas, se había vuelto un vendedor de ilusiones. A mis amigas les pidió oro para unos dijes de protección, los que nunca entregó, al igual que mi piedra. Se desapareció y nunca volvió a responderme el teléfono.

Mi astrólogo nunca estuvo de acuerdo con mi asistencia a esas reuniones, le parecía extraño todo lo que le contaba, pero yo sabía que estaba ahí era por algún aprendizaje. Me di cuenta que el famoso "maestro" era un estafador. Había engañado a muchas personas, abuso de algunas mujeres, de lo cual no puedo dar fe. Dejó muy mal al grupo espiritual que lo apoyaba, estas personas llevaban muchos años trabajando y sirviendo a otros en el proceso de despertar de conciencia. Afortunadamente, la gente entendió que nadie era culpable, todo era necesario para nuestro proceso.

Nadie esta exentó de caer en las manos de falsos maestros o guías. Abuso de la buena voluntad de todas las personas que confiaron en él. Como todos sabemos, todo acto tiene sus consecuencias, por la Ley de Correspondencia. Lo más triste es el desperdicio de tanto conocimiento, le falto sabiduría y honestidad. Fue una experiencia y solo podemos darle gracias por venir a enseñar lo que nos correspondía.

REINOS MUTANTES

Durante el año 2015, tuve la oportunidad de trabajar con otra de mis instructoras de yoga, Maddy a quien había conocido en el templo Krishna, sus clases eran excelentes, porque las complementaba con conocimientos de fisioterapia. Ella nos contó que a través del yoga, logró recuperar su movilidad en todo el cuerpo, había sufrido un accidente que le había afectado su columna vertebral; tenía una energía muy fuerte, pero buena, con el tiempo descubriría su conexión con los elementales. Estuve haciendo mis prácticas de yoga con ella, durante un buen tiempo, su espacio de trabajo estaba ubicado en el tradicional barrio de Cali llamado San Antonio, al lado del Parque del Acueducto Municipal.

Con ella tuve la oportunidad de realizar diferentes procesos para el desarrollo del SER, uno de ellos, que recuerdo bastante, lo bauticé "el trabajo con los reinos mutantes".

En la primera parte, analizamos, los reinos y su influencia en nuestra vida de acuerdo a la edad:

Todos los seres humanos a lo largo de la vida vamos migrando de una reino a otro cada determinado tiempo, los hombres cambiamos cada 8 años y las mujeres cada 7 años. Los reinos mutantes son cinco, cada uno tiene un color que lo identifica, se asocia con un órgano y va en una secuencia en sentido de las agujas del reloj, llamada secuencia de la creación.

La secuencia de creación arranca con:

- Agua - color: azul, mujeres (vejiga) de 0 a 7 años, hombres (riñón) de 0 a 8 años.

- Madera- color: verde, mujeres (vesícula) de 7 a 14 años, hombres (hígado) de 8 a 16 años.

- Fuego-color: rojo, mujeres (intestino D) de 14 a 21 años, hombres (corazón) de 16 a 24 años.

- Tierra-color: amarillo, mujeres (bazo) de 21 a 28 años, hombres (estómago) de 24 a 32 años.

- Minerales-color: plateado, mujeres (intestino g) de 28 a 35 años, hombres (pulmón) de 32 a 40 años.

En el reino del agua, a esa edad, solo fluimos. La madera, representa la formación de las bases. El fuego, empezamos a trasmutar la información, a validarla. En la tierra, a preparar el terreno y en el mineral, a crear los cimientos de la vida.

Después se repiten los reinos, en las mujeres desde los 35 y en los hombres desde los 40. Aquí hay una particularidad, lo ideal es que cada persona pueda vivir en cada reino lo que le corresponda, cuando no lo hacen, al regresar por ese reino, viven lo que no hicieron inicialmente. Por ejemplo, cuando un hombre o una mujer no viven plenamente su juventud, puede ser que al pasar nuevamente por el reino de la madera, traten de vivirla y se comporten como adolescentes, por eso vemos los viejos verdes o las mamas tratando de vestirse como las hijas, las "cuchi barbies", como decimos en Colombia.

Para la segunda parte, usamos la fecha de nacimiento:

Con la información que obtenemos de nuestra fecha de nacimiento, al revisar cuantas veces se repiten, los números del 1 al 9 en nuestra fecha, podemos determinas las carencias o lo que venimos a trabajar. Por ejemplo, para mi fecha de nacimiento, que es 27.02.1967, a simple vista vemos que el dos se repite, el siete igualmente, el nueve dos veces (2+7) y así sucesivamente hasta terminar de sumar todas las posibles combinaciones. En mi caso, el 3, el 4, el 5 y el 8 aparecen solo una vez, se podría decir que son mis campos a trabajar.

Esta sería la tabla que representa los diferentes campos que conforman nuestra vida en sociedad:

4 – Finanzas Abundancia Fortuna Prosperidad	9- Fama Reputación	2- Amor Matrimonio Pareja Acompañantes
3- Familia Comunidad Antepasados	5- Salud Centro corazón de Dios Vitalida	7- Hijos Creatividad Permanencia del dinero.
8- Educación Actualizacion Intelecto Autoconocimiento	1-Misión Carrera Viajes de la vida	6- Benefactores Amigos provechosos Viajes

La tercera parte, sería nuestro mapa de la vida en colores:

A partir de esta tabla, creamos cada uno nuestro propio mapa, escribiendo lo que vamos a trabajar, siempre en presente, dando gracias como si todo ya se hubiera manifestado. La idea es que cada día, leamos lo que hemos escrito. Por ejemplo, en mi campo número cinco yo escribí: "Yo, Óscar I Suárez H, soy una creación perfecta de Dios, con la capacidad de ser feliz y de vivir en paz por mí mismo, no me comparo con nada ni con nadie, porque todo lo demás es igual de perfecto a mí, pero totalmente diferente. Soy un ser sano y fecundo".

Esta es una explicación a grandes rasgos, es mucho más profundo, pero es recomendable para la persona que lo quiera experimentar.

4 – Morado	9- Rojo	2- Rosado
3- Verde	5- Amarillo	7- Blanco
8- Café	1- Negro	6- Gris

Durante este proceso y como algo complementario, tuve la oportunidad de conocer y trabajar con un libro que se llama *Como crear dinero* de Sanaya Román y Duane Packer, un libro interesante y recomendado para el que quiera cambiar el concepto del dinero y la abundancia en su vida.

MEDITACIÓN

En mi constante búsqueda, descubrí que la meditación es la mejor herramienta para perfeccionar aspectos de nuestra vida. Sinceramente, no entendía cómo hacerlo, pero si sabía el para qué. Muchas veces traté de meditar, pero no lograba nada. Aprovechaba el espacio de mi oficina y hacía cursos por internet. Seguí a Ramiro Calle, un yogui Español, que había vivido muchos años en la india y lograba calmar mi mente.

La meditación no era fácil para mí, como todo, se requería de mucha práctica. En mi caso, por ser ingeniero calmar mi mente era todo un reto. Buscando alternativas para mejorar mi meditación llegué a Brahma Kumaris, tienen una filosofía muy bonita. Tenían lugares especiales para meditar donde se siente una energía diferente, creo que se debe a la acumulación de la buena vibración de las personas que lo visitan, igual sucedía con el templo de los Krisna en el centro de Cali, hasta antes de que lo cerraran.

Ahora entiendo que en el momento de la meditación, estamos en contacto con nuestro SER interior. Es el instante preciso para conectar con nuestro YO Superior. A través de la meditación es que recibimos la información de sabiduría y nos ayuda a obtener respuesta a nuestras grandes inquietudes que van surgiendo con nuestro trabajo espiritual.

CONSTELACIONES FAMILIARES II

A finales de 2015, mi mejor amiga de Dapa, Andrómeda, se había separado de su pareja, algo dramático para ella por la forma en que había sucedido. Como su mejor amigo, le di todo mi soporte. A raíz de esto nos volvimos casi inseparable, siempre andábamos juntos, salíamos a comer, a cine, viajábamos, le estaba ayudando a llevar su proceso de duelo, pero sucedió lo que no debía ser; estábamos pasando la línea de la amistad.

Para diciembre empezando la feria la invité a conocer mi familia, iríamos a Delirio con un grupo de amigos. Por una llamada que ese día recibió, se dio cuenta de que su duelo con su expareja no había terminado, todo se frenó conmigo. Ella cambió nuevamente, y empezó a distanciarse.

Realizando un análisis de lo que había sucedido con mi amiga; del por qué se había alejado, descubrí, que nuevamente o eso creía, el clan, estaba influyendo en las decisiones de mi vida. Era algo que ya tenía identificado, todas las mujeres que se me acercaran, tenían que luchar con el clan. Lo que me llevo nuevamente a constelar este tema. Ese día llevaba un resumen ejecutivo de todo lo que había analizado, y era la forma de sustentar mi teoría. Cuando íbamos a empezar me dice la consteladora, no me interesa tu historia de vida, y sin dar tantas vueltas me preguntó ¿qué vienes a constelar? Le dije ¿por qué no he podido conseguir pareja?

Durante la constelación escogí a dos personas que estaban en el lugar. Uno de los participantes me representaría y la otra persona, una mujer joven, representaría a la pareja que no había llegado. Les entregué los roles y les di las gracias, me senté al lado de la facilitadora.

Las constelaciones tienen algo en particular, todo lo que sucede en el entorno aporta al proceso, por la cantidad de energía que se mueve cuando se constela. Las dos personas estaban en el tapete constelando y cuando le preguntaron a la mujer que veía, ella decía, él no me mira, solo mira hacia el piso, ¡No me ve! En ese momento entra al salón una persona que venía de la calle y pregunta: "¿quién es el dueño de un Volkswagen Jetta, plateado? Yo casi me paro a decir que era el mío, pero recordé, que había ido en otro carro.

Resulto que el dueño era la persona que me estaba representando. Le acababan de robar las tapas de las exploradoras de su vehículo, a mí también, ya me las habían robado. Con este suceso la facilitadora se dio cuenta, que yo necesitaba trabajar era una pérdida. Volvimos a algo que ya había trabajado anteriormente con el árbol, la pérdida de la abuela.

La facilitadora escogería otra persona que representaría a mi abuela, le entregué el rol, después me daría cuenta que la mamá de esta persona se llamaba Dolores como mi abuela. Entré a escena a tomar mi lugar y tuve la oportunidad de "despedirme" de mi abuela. Cuando estábamos terminando la sesión, llegó una mujer joven y bonita, como si el Universo estuviera demostrando que ya podía llegar una pareja a mi vida.

Otra situación que se presentó durante la constelación fue la siguiente: El hombre que estaba ejerciendo mi rol llevaba su escarapela volteada. La facilitadora, me preguntó: ¿tienes algún problema con tu identidad? Le expliqué lo que creía: "Fui un hijo no esperado", a lo largo de mi vida, cuando necesitaba la identidad de mi hermano, la utilizaba. Ella me explicó que era necesario recuperar mi identidad, y no volver a pedirle a mi hermano que me remplazara. Para el cierre de la constelación me recomendaron escribirle una carta de despedida a mi abuela, para darle las gracias por todo lo que representó para mí. La idea era ir a otra constelación y leerla, no la hice.

Tenía un viaje a Estados Unidos, a un evento de uno de mis proveedores, pero iba a ir con otra identidad, me había registrado al evento con mi segundo nombre y segundo apellido. A los pocos días me llama la persona que me había invitado, y me dice que era mejor que no viajara al evento, que no era bienvenido. Me toco cancelar mi asistencia y me iría a visitar a mi hermano y familia a Omaha (NE).

A raíz de todo este movimiento energético, tenía mucho dolor en el pecho, parecía una osteocondritis y además, molestias en el colón. Le decía a mi médico personal, que me enviara exámenes para saber a ciencia cierta que tenía, él consideraba que no era necesario por mi estilo de vida, no era lógico que tuviera algún problema físico.

Ante la inminencia de mi viaje, como seguía enfermo, decidí buscar ayuda en la medicina no tradicional. De un día para otro, mi amiga Maia, quien vivía en Israel, logro concertarme una cita con su médica bioenergética, a pesar de que su agenda estaba casi llena. Durante nuestro encuentro estuvimos hablando un buen rato. A lo largo de nuestra conversación y al escuchar atentamente todo el trabajo que había hecho, me dijo que tenía un 10 por todos los conocimientos adquiridos en mi camino espiritual.

Durante la sesión me explicó que mi cuerpo estaba enviando un mensaje. Según sus conocimientos, el dolor en el colón era el resultado de la acumulación de demasiada información. Según expertos, cuando se acumula algo en el colón, se descompone. Me recomendó compartir la información y dejar de buscar más cosas para aprender, no era necesario. Posteriormente, me realizaría la alineación de la energía de mis chakras, me puso cristales en el cuerpo y dejo todo en completo orden. Me recomendó unas gotas para la relajación.

ORIGEN DEL LIBRO: HASTA QUE TE ENCONTRÉ

Gracias a la nivelación de mi energía con la médica bioenergética, pude asistir a un masaje terapéutico con Maddy, mi instructora de yoga. Ella me dijo que los ancestros le habían autorizado darme el masaje. Mientras lo iba realizando, me narraba los mensajes que me iban enviando ellos. Aunque llevábamos muchos años juntos realizando prácticas, no conocía la conexión tan cercana de ella, con estos seres.

Durante la sesión me repitió lo mismo que la bioenergética pensaba sobre el exceso de información que manejaba. Me dijo que me imaginara una biblioteca muy grande, llena de libros; en algún momento de la sesión me indicó que me parara delante de ella, con una voz suave me decía: "esa información que está en los libros, ya la conoces, no tienes la necesidad de seguir buscándola, úsala como un manual de vida".

Mi tarea cada vez se hacía más clara para esta encarnación, definitivamente mi reto era recuperar mi hombría, y asumir mi rol. También el terapeuta y psicomago Cristóbal Jodorowsky me había indicado lo importante de recobrar el coraje que me había quitado mi madre; era parte de mi trabajo.

Había llegado el momento de revisar cuáles eran las tareas pendientes después de las canalizaciones que había realizado. Una de ellas, era escribir un diario sobre las cosas que más deseaba manifestar en el plano terrenal, la segunda, se trataba sobre dictar una conferencia de Aceptologia, y la tercera y última, escribir el libro que estás leyendo, para compartir todas las experiencias en mi proceso de despertar de conciencia. Su nombre, según las instrucciones de mis ancestros, debía ser *Hasta que te encontré*.

SANACIÓN ANCESTRAL II

Finalmente, debía hacer el cierre con mi abuela. Todo fue una sincronicidad perfecta, desde las constelaciones, luego la alineación del cuerpo y al final el masaje terapéutico. De acuerdo a lo que me había dicho Maddy, tenía que conseguir o imprimir una foto de mi abuela. Imprimí una que me había enviado un primo de mi madre, donde aparecía mi abuela de cinco años con sus padres, hermanos y hermanas. Siguiendo las instrucciones compré flores amarillas y velas, organicé un altar en mi casa en Dapa. La idea era ofrendarle las flores. Con la luz de las velas, le daba el reconocimiento que estaba ella esperando. Yo, había sido escogido como representante de los hombres del clan, para pedir perdón por el trato que habían recibido todas las mujeres de mi familia por parte de ellos, quienes las trataban como si fueran las micas o bacinillas de la casa. Así me lo había hecho saber Maddy en la sesión con ella.

Aproveché un disco compacto que tenía hace años de sanación ancestral de Gina Ardila y realicé el protocolo de sanación de mi árbol. La verdad me sentí muy conectado y lleno de energía. Al finalizar el ritual de sanación, mis pies parecían enraizados en el piso, se sentía mucha fuerza; casi no me podía mover. Fue muy emotivo, lloré demasiado, pero logré mi objetivo. Luego leí la carta que le había escrito a mi abuela, fue como si hubiera vuelto a nacer.

Después de todo lo que había pasado hice mi viaje a Estados Unidos, para iniciar las tareas que tenía pendientes, ese era un buen lugar para reorganizar mis ideas. Aproveché los largos vuelos para empezar a escribir. Para esos días estaba escuchando nuevamente mis audios de Aceptologia, de Gerardo Schmedling. Que me hacían recordar las herramientas aprendidas en las técnicas de programación neurolingüística, comencé de nuevo a reprogramar mi mente, cada vez que llegaba un recuerdo poco agradable lo cambiaba por el de otra situación más placentera o pensaba en alguna persona que apreciara.

Continúe con mi vida, pero hice un alto en el camino; sin ninguna carga emocional. Recordé todas las situaciones vividas en el 2015, especialmente las relaciones de pareja. ¿Qué aprendí?; Llegaban a mi mente las respuestas en forma de vocecitas indicándome todos mis aprendizajes. La psicóloga Eugenia llega desde la carencia y no desde el amor, estaba aferrado a mi ego, y el rechazo no era una opción. Venía a enseñarme sobre la atemporalidad del ego, fue una llamada de atención sobre lo que no debía hacer, como seguir dando sin recibir. Había perdido la lección. Con mi otra amiga, Andrómeda, la lección era no confundir los sentimientos de las otras personas y no dar por hechas las cosas.

Lo más sano en cualquier relación es que la persona le haga duelo a su pareja anterior, la teoría que un clavo saca otro clavo, no es verdad y no es la mejor opción. Si no eres consciente del por qué se termina una relación, no estás avanzando y se vuelve a caer en lo mismo. Cuantas veces no nos vemos inmersos en las mismas situaciones. Por ejemplo, un novio alcohólico, maltratador o mujeriego. Mientras no descubras el aprendizaje detrás de este tipo de pareja, regresarán a tu vida una y otra vez, hasta que aprendas. Así funciona el Universo.

Otro de los errores que cometía en mis relaciones, es que las construía desde la idealización de la pareja, eran perfectas y no me daba la oportunidad de conocerlas verdaderamente. En el fondo, ninguna me convenía como pareja, solo eran parte del aprendizaje. Gracias infinitas a ellas.

TRABAJO DE PAREJA (NIVEL II)

Tenía la certeza de que las personas cuando llegaban a tu vida, o se cruzaban en el camino, no era por casualidad, siempre en el fondo existe una razón y un propósito. En una ocasión, estaba con el tema de búsqueda de proyectos o nuevos negocios y en la Universidad Javeriana iban a dictar una charla sobre cómo manejar la red social Linkedin, para los que no la conozcan, es una plataforma especializada en el uso empresarial, de negocios y de empleo.

En este caso me encontré con mi amigo Andy, a quien había conocido a través de Eugenia, la psicóloga. Era todo un personaje, muy inteligente, sociable, agradable, con mucha experiencia laboral en Estados Unidos como en Colombia. A raíz del reencuentro, lo invité a una reunión que tendríamos el fin de semana en mi casa en Dapa, para hablar de negocios. Como él pensó que todos estaríamos con nuestras respectivas parejas, invitó a su amiga Vivian para sentirse más cómodo. Ella era docente en una universidad, una mujer bonita, alta, inteligente y muy preparada.

Por ser el anfitrión no pude tener mucho contacto con ella, pero hubo empatía por el tema de espiritualidad. Ella, andaba en una búsqueda, y a mí, me correspondía orientarla; más adelante la invité a tomar un café. Estuvimos hablando como cinco horas y nos tocó parar porque llegó la hora de cerrar el lugar, éramos los últimos en quedarnos. Sostuvimos una conversación muy amena y muy fluida. Le conté mis experiencias de vida y me mostré tal como era, como un libro abierto, sin importarme que fuera a pensar. Me parecía una mujer interesante; pero era una prueba más del Universo, otra llamada al tablero, como yo las bautizo.

Era el momento de hacer las cosas de otra manera, si quería ver resultados diferentes. Debía cambiar la forma de relacionarme con las mujeres y dejar, por fin, fluir las cosas. Cuando la invité de nuevo a salir, me dijo que tenía una agenda muy ocupada. Como mi misión era guiarla de cierta forma, le recomendé hacer constelaciones familiares. A la primera sesión la acompañé, le gustó la dinámica y todo lo que había aprendido. De nuevo le insinué que quería volver a verla, pero me reitero que iba a estar muy ocupada. Me rechazó de nuevo.

Tomé la decisión de dejar pasar el tiempo, no iba a hacer lo mismo que en ocasiones anteriores, donde insistía por el afán de encontrar una pareja. Unos meses después nos volvimos a encontrar en el cumpleaños de Andy, nuestro amigo en común, y me contó, que había regresado a constelar, en compañía de una amiga; había ido dos días en la misma semana. Fue muy discreta, no profundizó el tema, a mi parecer no quería contarme, era totalmente respetable. Le recomendé no constelar tan seguido, no era lo más conveniente; según la opinión de algunas personas expertas se mueve demasiada energía y puede ocasionar ciertos malestares, más adelante confirmó mi teoría porque me comentó que se había sentido algunos días, indispuesta.

Aproveche la oportunidad para llevarla a su casa y saber dónde estaba viviendo, al despedirse me dijo que solo nos podríamos ver para su cumpleaños. Me abrió un espacio en su agenda y la invité a almorzar. Por fin llegó el día de su cumpleaños, esa sería la última vez que nos veríamos, casualmente era la inauguración del festival de Petronio Álvarez, al que asistimos. Pero a la salida hizo un comentario de desagrado sobre mi edad, ya con eso me estaba dando a entender que no quería nada conmigo y que yo no tenía ninguna posibilidad. Esa fue nuestra despedida, nunca nos volvimos a ver.

Entendí que no debía forzar a nadie para estar conmigo, ni siquiera por amistad. Las relaciones se deben dar de manera fluida y si al final no te corresponden, sencillamente se van, y se debe aceptar con humildad, sin sentir rabia. Es allí donde no podemos hacerle caso al ego, debemos dominarlo, por más que deseemos algo, nada nos garantiza que lo vamos a obtener. En muchas ocasiones nos aferramos a las personas e idealizamos las relaciones e imaginamos cosas que no son. Al final genera dolor y frustración, es mejor soltar y dejar ir. No sé sí, esta vez pasé la lección; solo el tiempo lo dirá. Pero aprendí a ser más consciente, y eso se vio reflejado en como maneje la situación. Siento que fui menos emocional y más racional.

LA KABBALAH

Seguí adelante con mi vida, disfrutando la compañía de mis amigos y amigas, en especial de Aurora y Celeste. Tenía largas conversaciones con ellas, reconociendo el trabajo que cada uno venía haciendo, soportándonos unos a los otros, compartiendo nuestras experiencias de vida.

Gracias a mi amiga Celeste, tuve la oportunidad de conocer un poco de la Kabbalah, como lo dije, ella era una gran lectora, me aportaba información muy valiosa. Uno de los tantos libros que había leído sobre la Kabbalah, explicaba la dinámica de la pareja y, en especial, el trabajo de la mujer. Según mi interpretación, en las parejas, la mujer es la encargada de canalizar la energía del hombre en el hogar, es la responsable de gestionarla, cuando esto no sucede, porque el hombre no lo permite, ya sea por machismo o porque son tratadas como hijas, se genera un desequilibrio en la relación. El hogar no prospera y la energía se estanca, llevando a las parejas a la infidelidad y al fracaso de la relación.

Escuchar esto fue una luz, para poder seguir entendiendo un poco más del porqué mi matrimonio no había funcionado. No fue culpa de mi exesposa, yo fui en gran parte el responsable, según la Kabbalah, del fracaso de mi matrimonio. Siempre la sobreprotegía y nunca la dejaba hacer nada, no la deje SER, era el encargado de todo en la casa. No sabía, sobre la importante que era mantener el equilibrio en las responsabilidades del hogar. Cada uno debe cumplir su función, por la cultura sabemos que el hombre es el proveedor y la mujer es la contenedora.

Buscando en Internet una definición de la Kabbalah, encontré un artículo en la página web de *La mente es maravillosa*, titulado: La **Ka-**

bbalah, una ciencia espiritual para comprender la vida, escrito por Yamila Papa- 13 octubre 2020, algunos apartes del artículo dicen:

> *"La Kabbalah se centra en ser cada día mejores personas, permanecer conectados con nosotros mismos, estar conscientes de la vida y dejar de actuar como si fuéramos robots o máquinas siguiendo un patrón de conducta. A través de su milenaria sabiduría, esta práctica nos permite pensar en el futuro y dejar de lado el pasado. Las enseñanzas de la Kabbalah se basan en varios libros. Los dos más importantes son el Sefer Yetzirah (de formación) y el Zohar (el texto base de todo practicante). La Kabbalah enseña, básicamente, cómo ser mejor ser humano. Se plantea cuál es la forma correcta o acertada para "recibir luz", la herramienta que permite poder desenvolverse en paz en el mundo donde vive".*

Las herramientas para trabajar el despertar de la conciencia son muchas, para mí cada una me ha ido aportando un poco más para ir avanzando en el proceso del despertar. Con la información de la Kabbalah, pude identificar una de las razones del fracaso de mi relación, ojalá esta información le sirva de espejo al que lo necesite.

Adicionalmente, para las parejas que van a empezar a vivir juntas siempre les recomiendo un libro, a mí me llego un poco tarde, se llama *Los cinco lenguajes del amor* de Gary Chapman, tiene información muy valiosa, de cómo cada persona tiene un lenguaje diferente para manifestar el amor. Son cosas tan sencillas, pero el desconocerlas no sabemos el efecto que puede causar en la otra persona. Algo para destacar de este libro, es lo relacionado con la comunicación de la pareja, es fundamental que cuando estemos hablando con nuestra pareja, no exista ningún tipo de distracción, como son los celulares, la televisión o los computadores, debe ser un momento exclusivo. ***La vida es sencilla, nosotros somos los que nos la complicamos.***

VISITA DE LOS ÁNGELES Y ÁRCANGELES

Una noche, mi amiga Celeste me escribiría un mensaje preguntándome si creía en los ángeles. Me sorprendió su pregunta, mi respuesta fue por supuesto. Luego me dijo que si me gustaría recibirlos de visita en mi casa por una semana. Me contó que era un proyecto originario de Alemania, inspirado en la película *Cadena de Favores*, donde un niño ayuda a tres personas a hacer algo que ellos no podían hacer, y las siguientes personas deberían hacer lo mismo por otras tres y así sucesivamente.

Al hospedar en mi casa a los ángeles y arcángeles en compensación a la visita, debía realizar tres peticiones que ellos me ayudarían a cumplir. Al terminar la visita los pasaba a tres personas más. Mi amiga me dio toda la información sobre los pasos con las explicaciones para realizar las ceremonias de bienvenida y despedida.

Preparé todo en mi casa, un altar con flores blancas, una vela y unas manzanas. En una hoja blanca escribí las tres peticiones relacionadas con la salud, amor y prosperidad. Les pedí que me ayudaran a encontrar la pareja que el Universo había dispuesto para mí. Me sentía listo para recibirla. Siempre ha sido mi petición para ellos. En el papel también se debía escribir los nombres y direcciones de las tres personas, que los iban a recibir cuando salieran de mi casa.

El lunes en la bienvenida les abrí la puerta a las ocho de la noche, la casa estaba completamente limpia y ordenada, les hablé y les di las gracias por su presencia. La oración a los ángeles era cada día y se hacía en el siguiente orden: lunes a Jofiel, martes a Chamuel, miércoles a Gabriel, jueves a Rafael, viernes a Uriel, sábado a Zadquiel y el último día domingo a Miguel. Al siguiente lunes, les abrí la puerta a las ocho de la noche para que salieran a la casa de mis amigas; dándole las gracias por su compañía y por todos los favores recibidos.

Mi casa de por sí, era un lugar de absoluto silencio, estaba rodeado de la naturaleza, en las noches lo único que se escuchaba eran las chicharras y las ranas coclí. Todo el tiempo se sintió mucha paz y tranquilidad. Me recomendaron que en esa semana de la visita estuviera pendiente de mis sueños, gracias a ellos pude darme cuenta que mi exesposa ya estaba en paz conmigo, no tenía ningún resentimiento. En el sueño me habló con mucha tranquilidad, casi nunca soñaba con ella. Para mí era una buena noticia.

Desde que había empezado mi proceso de despertar, siempre había tenido la percepción de que ella no me había podido perdonar y conociéndola, me estaba odiando. Había hecho muchas terapias con ella, sin su presencia, la silla vacía, el hoponopono, y no había logrado cambiar esa percepción. Al fin se estaba cerrando ese ciclo definitivamente en mi vida. Ya se cumplían los siete años, eran los necesarios para cerrar cualquier vínculo energético con cualquier persona.

Como lo dicen muchos españoles en sus conferencias, las piezas del rompecabezas, se estaban alineando y juntando para permitir la llegada de la pareja. Cuando empecé a escribir este libro pensaba que su nombre *Hasta que te encontré* se refería al SER espiritual que llevamos cada uno de nosotros, a nuestro YO Superior, a mi maestro guía. Pero a veces me asalta la duda y quiero pensar que se refiere a la pareja, que deseo que llegue, sigo escribiendo y todavía es una incertidumbre.

INDICADORES DE GESTIÓN

Si miramos la vida como una empresa, existen seis indicadores de gestión donde podemos observar, medir y analizar los resultados en nuestras vidas. Se dividen en dos internos y cuatro externos. Los indicadores internos son paz interior y felicidad. Los externos son salud, economía, relaciones y adaptación al lugar. El Universo nos presenta pedagogías, para nuestro desarrollo espiritual y así lograr nuestro despertar de conciencia.

Escuchando una de las conferencias de Escuela de Magia del Amor, llegué a mi propia conclusión, el único indicador que seguía presente para aplicar la pedagogía, era el de las relaciones de pareja, ya lo tenía identificado hace algún tiempo, por supuesto con la ayuda de Maddy, mi mentora de yoga con la que había trabajado reinos mutantes.

El trabajo continúa y es una constante en el Universo; vamos limpiando y muchas veces aparecen otras variables que no se podían ver porque estaban ocultas bajo el espectro de otra. A través de las charlas con mi amiga Celeste y sus perlitas de sabiduría, logramos identificar que se me dificultaba demostrarle afecto a mi madre, había en mi interior un rechazo hacia ella. Era una situación un poco complicada, pero lo estaba trabajando. El origen, era que nuestros padres no habían sido muy afectivos con nosotros, no sabían cómo manifestar el amor. Otro aspecto para trabajar era el control, para mí no era fácil soltar y confiar. Aurora me lo confirmó. En una de sus canalizaciones, los seres de luz me enviaron un mensaje. Llegaría otra persona a mi vida para seguir aprendiendo sobre el control. El Universo se encargaría de enviarme la situación perfecta para ir sanando mis relaciones de pareja.

TRABAJO DE PAREJA (NIVEL III)

Como ya conocía la forma de obrar y de confabular el Universo, no me extrañaba el orden en la que las mujeres se presentaban en mi vida. De la nada apareció otra mujer, de nombre Claudia. La tenía en mis contactos y en mis redes sociales desde hace un tiempo, pero no recordaba porque le había solicitado su amistad. Un día sábado, ocho de octubre, me encontraba revisando sus publicaciones y resultó que ella estaba stalkeando las mías. Algo me impulsó a escribirle, creo que era la expresión de sus ojos en su foto de perfil, me respondió de inmediato, estuvimos escribiéndonos como por dos horas, le dije que me gustaría conocerla y si nos encontrábamos para charlar un rato, pero me dijo que tenía un compromiso de trabajo; era médico de la Fundación Valle de Lili.

Planeamos nuestro encuentro para el miércoles siguiente. El lunes, me escribe como haciendo un preámbulo antes de vernos. Me dijo que ella iba a ser la mujer que iba a partir mi vida en dos. Un antes y un después. Su instinto le decía que íbamos a ser muy buenos amigos, y que se sentía emocionada por conocerme. Además se atrevió a sugerirme que fuera bien vestido. Todo lo que me decía de alguna forma me hacía sentir halagado, sobre todo porque venía de una mujer tan bonita, me subió el ego.

No tenía ni idea de lo que iba a suceder. En algún momento creí que ella era la respuesta final de este libro. Por las cosas que me decía y me escribía. Había mucha sincronicidad, se veía la mano de los ángeles y arcángeles. Me sentía muy feliz. Llevaba dos años solo y me ilusioné, en el fondo de mi corazón deseaba que ella fuera la pareja que estaba buscando. Además esperaba la respuesta a todos los trabajos que había hecho conscientemente, buscando ser mejor persona.

Todo se veía perfecto, de nuevo estaba creando expectativas; como no hacerlo cuando una mujer tan bonita me las estaba generando. Al final parecía que no iba a conocerla, increíblemente me bloqueo por todas partes, no tenía acceso a sus redes. Esto sucedió porque a través del WhatsApp tuvimos una corta conversación donde le confirmaba la hora y el lugar donde nos veíamos. Ella me respondió que no tenía carro, en otra ocasión me hubiera ofrecido a pasar por ella. Pero no lo hice, porque me había manifestado que a ella no le gustaría estar sola conmigo en el carro; no sabía que responderle estaba un poco confundido, y solo le escribí Ok. Estaba conduciendo y esperaba llegar al siguiente semáforo para escribirle algo más.

Después me llegó un mensaje que decía: "Al fin pasas por mí, sabes, ¡mejor déjalo así!". No me dio tiempo para responderle y me bloqueo. Su actitud era muy extraña, estaba mostrando quien era realmente, quede frío. Analizando que había hecho mal, me di cuenta de que en varias oportunidades sin conocernos, me había propuesto cosas que ella quería y yo me había negado, en una ocasión fue por un compromiso que tenía y la otra vez fue porque no podía estar siempre disponible y dejar de hacer mis cosas, por darle gusto a la otra persona. Pero las cosas no las podían dejar así, y como soy algo terco, logré contactarla por otra cuenta de Facebook, que no era mía.

Al final cedió y me dio una oportunidad para conocerla. Nos fuimos a un café-bar en Ciudad Jardín, desde el principio todo empezó mal, por un lado casi no llego al sitio, el tráfico estaba imposible, lo mismo le sucedió a ella, llego tarde y se quedó un tiempo en su vehículo, sin saber si bajarse o no, hasta que por fin lo hizo. Muy bonita, pettit, delgada, muy bien presentada. Fue un encuentro agradable, hablamos de todo un poco, creo que mis temas espirituales no eran de su agrado; a pesar de eso nos quedamos hasta que cerraron el sitio. Cuando ella salió, se subió a su vehículo y se fue como alma que lleva el diablo, ni siquiera le pagó al vigilante, yo lo hice por ella, hasta el sol de hoy, no tengo ni idea de su paradero.

La vida me estaba dando otra clase, no se puede forzar nada. Ella me estaba mostrando sus sombras, y con ellas lo que estaba aprendiendo. El Universo y los ángeles se la llevaron, a pesar de todas las ilusiones que yo me había creado. Para colmo de males, la comida del sitio me cayó muy mal, llegué a mi casa enfermo, mi cuerpo ya no asimilaba mucho las grasas. Ya llegaría la persona que corresponde y definitivamente ella no era el objeto de este libro.

Pero vuelve a repetirse la historia, era como si de nuevo reviviera mi pasado. Las últimas mujeres, Eugenia, Vivian y Claudia, tenían en común que eran mujeres con temperamentos muy fuertes. ¿Por qué siempre me llega ese mismo tipo de mujer?, ¿por qué esa es la vibración que tengo?, ¿por qué era eso lo que atraía? Ante este panorama volví a sumergirme en mis conferencias de Escuela de Magia del Amor, volvería a escuchar los audios de Trascendiendo las Limitaciones de Gerardo Schmedling, era todo perfecto y de mucha sincronicidad para sobreponerme a lo que había sucedido, y poder así seguir reconociendo lo que tenía que trabajar, las conferencias me aportaron las herramientas que necesitaba para hacerlo.

El año siguió su curso y había llegado la mejor época del año, diciembre. Mi amiga Celeste, después de mucho tiempo, al fin, había conseguido pareja; quien se integró rápidamente a la tribu. Para esa navidad, llegaría de Alemania otra de mis amigas, Ann, con su esposo. Ella era compañera de colegio de Aurora.

ADAPTACIÓN

A principios del 2017, me fui de viaje con mi amiga de Alemania y su pareja, estuvimos en Cartagena y Santa Marta. Estaba en el aprendizaje de adaptación. Fue un poco incómodo ese viaje porque era el puente de reyes en Colombia. Las aglomeraciones en Cartagena eran bastante grandes. Nosotros no nos estábamos alojando en la ciudad, sino en Manzanillo, a las afueras; en la vía a Barranquilla. Las filas de carros para entrar y salir de la ciudad eran de dos horas promedio, encontrar servicio público que te llevara hasta allá, era casi imposible. A veces hacemos elecciones, pero no analizamos las variables, la elección del lugar ya estaba hecha, tocaba llenarnos de paciencia todos los días, para no tirarse las vacaciones, por algo que era externo y no podíamos cambiar.

En Santa Marta, al visitar el parque Tayrona, tuvimos que enfrentar situaciones que se nos salían de las manos. Por el exceso de gente, todo se demoraba más, la logística de los operadores era muy mala. Ante esos imprevistos, trataba de tomarlo con calma, pero mi amiga Ann se enganchaba con esas situaciones, le decía: "suéltalo, no lo vas a cambiar", pero su reacción era de enojo y peleaba con todos los guías turísticos. Tenía una actitud bastante negativa y que no aportaba nada, solo se desgastaba porque no lograba cambiar nada.

Al volver del paseo, organizamos en Dapa la despedida de Ann, ya tenía que regresar de vuelta a Alemania con su esposo. Hicimos una ceremonia muy bonita. Consistía en elevar globos, eran de arroz, no representaban ningún peligro como los tradicionales, que eran hechos de papelillo, y con una base de alambre que contenía una mecha entrapada en petróleo, que al caer podía causar un incendio. Cada uno de mis amigos tenía que escribir en un papelito un deseo o un sueño, y después lo pegaba en el globo para soltarlo al aire, era una forma de pedirle al Universo que conspirara para que los sueños se hicieran realidad.

Éramos ocho personas y todos los globos lograron elevarse, el firmamento se veía hermoso, todos estábamos emocionados de ver ese espectáculo en el cielo, ninguno se quemó, se fueron perdiendo en el horizonte, era como si el Universo estuviera recibiendo los propósitos y las intenciones de todos. Fuera de este ritual con mi tribu hicimos ritos de psicomagia para la salud, prosperidad y en mi caso para el amor.

TRABAJO DE PAREJA (NIVEL IV)

Para el mes de junio tuve la oportunidad de hacer un curso en la Universidad Javeriana, sobre los retiros espirituales Ignacianos, siempre tuve curiosidad de hacerlos desde que Aurora me había contado sobre ellos.

Ya en el retiro, al mediodía, me senté con un grupo numeroso de personas, cada uno debía contar algo de su historia personal, era una forma de romper el hielo. Así que cuando me tocó el turno empecé a hablarles sobre los procesos relacionados con mi despertar espiritual. Muchos estaban asombrados por la cantidad de procesos. Al final del día, me topé con Lady, una mujer muy joven, blanca, con cabello largo, crespo, con tintes rojizos; intercambiamos teléfonos y a los pocos días nos volveríamos a encontrar en un café. Me contó sobre su vida, familia, sus gustos y aspiraciones. Fue una charla muy agradable, nos entendíamos muy bien, compartíamos los mismos gustos y creencias. A medida que nos conocíamos, empezamos a sentirnos muy afines y comenzaríamos una relación.

Mi forma de llevar las relaciones de pareja, eran basadas en costumbres antiguas. Me gustaba hacer visita, y mejor si era todos los días. Algunos me catalogaban como intenso, pero así era como lo había hecho siempre, desde joven. Con Lady, tenía que aprender a relacionarme de otra forma. Al principio me recibía las visitas, pero en el carro. No quería presentarme a su familia, lo veía como un desplante, pero como siempre, tenía la manía de ceder ante la voluntad de los demás.

Al comienzo de la relación nos sentíamos bien. En algunas ocasiones se quedaba conmigo en Dapa, casi siempre fines de semana. Me presentó a sus amigos y ella conoció los míos. Todo marchaba a las mil maravillas, compartíamos salidas a comer, a cine, o solo nos quedábamos a conversar por largas horas sobre los temas que nos gustaban. De un momento a otro las cosas empezaron a cambiar. Solo nos veíamos los fines de semana, porque en semana se ocupaba haciendo planes sola o con su mamá, y el desinterés por parte de ella era obvio.

Cuando me di cuenta de los cambios de ella hacia mí, perdí también el interés, al hablarme me sentía disperso. Eso a ella le molestaba mucho y se ponía de mal genio. La comunicación ya no era fluida y nos sentíamos incómodos cuando estábamos juntos. Por estos motivos, la relación se terminó para el mes de enero por mutuo acuerdo. Claro que me dolió y sentí mucha tristeza, fueron siete meses donde compartimos momentos muy agradables.

Duro el tiempo que tenía que durar. ¿Qué me vino a enseñar? A través de las relaciones es donde logramos el mayor avance en nuestro camino espiritual. Las otras personas son tu espejo, y lo que más te incomoda de las otras personas, son cosas que te molestan de ti mismo.

Lady era una persona controladora, ese rasgo de su personalidad me molestaba. Como ella era mi espejo, comprendí que yo también era controlador, pero de una manera sutil, y no lo quería reconocer. El querer verla a cada rato, salir todos los días con ella, cuando le decía que quería recogerla o llevarla a algún sitio, era el famoso control sutil, que yo no había podido reconocer en mis relaciones

En este momento siento mucha gratitud porque con ella tuve muchos aprendizajes. Cumplimos un pacto de almas. Como me lo había dicho mi amiga Aurora en uno de los mensajes que me había enviado los ángeles. El Universo te mandará a alguien para trabajar el querido y bendecido control, también me enseñó a relacionarme sin apegos y a confiar en los otros.

EUROPA

Para septiembre de 2017, tuve la oportunidad de viajar por primera vez a Europa. Durante muchos años solo viajaba a Estados Unidos, ya era tiempo de conocer otros lugares del mundo. Mi hermano menor, quien vivía en Suiza, quería que mi madre lo visitara. Me ofrecí a acompañarla y viajaríamos con mi hermano mayor, pero por cuestiones del trabajo, él no lo pudo hacer.

En el aeropuerto de Barcelona nos esperaría mi hermano menor y una prima que vivía en ese lugar. Estuvimos viajando por Europa un total de veintiún días, fue un tour gastronómico, no todo el mundo tiene la oportunidad de viajar por Europa con un chef de acompañante. Llegué a pensar que iba a estar desconectado de todas mis cosas espirituales, pero no fue así. Ya instalados en la ciudad, nos encontraríamos con otra prima al día siguiente. El desayuno fue una mini reunión familiar del clan al otro lado del mundo, esa fuerza que crea la familia tiene una vibración única.

Los padres de la esposa de mi hermano, quienes vivían en Barcelona, nos invitarían a almorzar fuera de la ciudad, nos llevaron a un pueblo en las estribaciones del parque natural de Monserrat. Allí aprendería algo nuevo para mí, en la carta aparecían las siguientes leyendas: primer plato, segundo plato y postre. En nuestro país, solo hay un plato principal. Los dos platos eran abundantes. Muy buena comida y el vino excelente, eso sí, era demasiada comida para mi gusto.

Al terminar el almuerzo, nos fuimos a Monserrat, que es una formación rocosa, sobre la que está construido un monasterio Santa María de Monserrat, de los benedictinos. El sitio era espectacular, me encantó, lo había escuchado nombrar por Xavier Pedro Gallego en sus audios, cuando hablaba de la red de cristales de la tierra y ciudades intraterrenas.

El sitio tenía una energía única, me hubiera encantado escalarlo, veía gente haciendo caminatas alrededor. Con mi hermano alcanzamos a subir un poco, pero no lo que yo hubiera deseado, porque no permanecimos por mucho tiempo. Luego viajaríamos en el tren de alta velocidad (AVE) a Madrid, ambas ciudades muy turísticas, llenas de extranjeros, con una energía diferente a la que se siente en otros lugares. De Madrid recuerdo la Plaza Mayor, en ese lugar nos sentábamos a degustar los famosos bocadillos de Calamares, comí hasta más no poder. Un día, nos fuimos a buscar los callos a la madrileña. Caminamos bastante buscando el restaurante, no recuerdo su nombre, pero se lo había recomendado un amigo chef de mi hermano. Los callos tenían un sabor fuerte y su consistencia era dura, en Colombia se consumen más cocidos.

Tomaríamos un vuelo a Roma, nos hospedamos cerca del Vaticano, que fuerza la que se siente estando en ese lugar tan sagrado. La verdad no entramos a la basílica, porque mi madre ya no estaba para largas caminatas, siempre andábamos en buses, a veces se quedaba dormida. Mucha historia, muchos lugares para conocer. Almorzábamos en la zona turística, siempre recibimos muy buena atención. Mi hermano era el encargado de pedir los platos, y por él terminaba comiendo muchas verduras y platos raros.

La noche antes de irnos de Roma para seguir conociendo la ciudad nos subimos a un tren de cercanías, viajamos como dos estaciones y nos bajamos en la zona no turística de Roma, era residencial. Estaba encantado viendo la otra cara de Roma. Los concesionarios de carros, los restaurantes pequeños; iríamos a otro sitio recomendado por los amigos de mi hermano, a comer pizza. La pizza era cuadrada y venía cortada en rectángulos, uno compraba la porción que se iba a comer, tenía muchas combinaciones como las que se ven en Colombia. El sitio no tenía asientos, solo mesas y tocaba estar parado todo el tiempo, probé diversos sabores, con mezclas diferentes, y con especias un poco fuertes.

Volamos a Ginebra, donde nos encontramos con la que fuera esposa de mi hermano, después de una hora de carretera llegaríamos a Montreux, el lugar de su residencia. Nos quedaríamos una semana en ese lugar, era una ciudad pequeña, en general así era todo en Suiza. Tuvimos la oportunidad de conocer Berna, porque mi hermano necesitaba ir al consulado. Era una ciudad grande. Él nos explicó que ellos vivían en la zona donde predominaba el francés como lengua y en Berna era el alemán

Haríamos el tour de rigor en las zonas turísticas de la región, el museo de Charles Chaplin, y el Castillo de Chillón, ubicado a las orillas del lago Leman. Pasaríamos la frontera de Francia e iríamos a Evian, famosa por su marca de agua mineral. Un día de la semana, mi hermano y yo fuimos a caminar por las zonas donde están ubicadas las pistas de ski, aunque por la temporada no había nieve. Hicimos un ascenso en el vehículo hasta donde era permitido y luego caminaríamos.

Otro día visitamos la fábrica de Quesos Gruyere, al salir del lugar pasamos al pueblo de su mismo nombre de los quesos. Encontré dos cosas interesantes, por un lado un museo de Alíen, el octavo pasajero, su creador era de ese lugar, y en otro sitio la Casa de la Flor de Lis, que para mí tenía mucho poder espiritual, es el símbolo de los nuevos tiempos, la nueva era, lo que está naciendo y está empezando a suceder en el planeta. Era fascinante. El último sitio turístico de referencia para mí fue la fábrica de chocolates Cailler, era un sueño conocer su historia, pero mucho mejor poder comer todo el chocolate que uno quisiera.

Viajaríamos a conocer la ciudad Luz. En París, nos hospedamos en un hotel, cerca de la estación del norte Garú du Nord, dejamos las maletas y nos fuimos al museo Louvre. Como llegamos el primer domingo del mes, su acceso era gratuito y tuvimos que hacer una fila gigante bajo la lluvia, mi mamá se resguardó en un techo. Aparte de la Mona Lisa, la zona egipcia era bastante interesante. Algunos cuadros me llamaron la atención por su tamaño. Recuerdo en particular uno, se veía la imagen de la crucifixión, pero con una especia de nave espacial, en un recuadro de la imagen.

Fuimos en el tour a la famosa torre Eiffel, hicimos las fotos de rigor y seguimos a la catedral de Nostre-Dame, conocimos el Arco del Triunfo, el palacio de Versalles con sus majestuosas, zonas verdes. Pero de todos los lugares, el que más me movió fue la Basílica del Sagrado Corazón, sentía una energía muy especial en ese lugar. Eran tour exprés, porque mi madre no podía caminar largas jornadas.

Regresamos a Barcelona, que estaba revolucionada por la votación del referendo de la separación de Cataluña. Al día siguiente viajaría a Valencia a encontrarme con mi gran amiga Inés, la "responsable" de haber blindado mi corazón. Ella se enteró que yo, estaba en España y de inmediato me invitó a su casa. Definitivamente, existe algún acuerdo de almas entre nosotros. Nos faltó tiempo para conversar. Conocí a su esposo y a sus hermosas hijas. Hicimos turismo por Valencia y probaría la famosa Paella Valenciana.

Ya en Barcelona, nuevamente, la penúltima noche antes de regresar a Colombia, nos reunimos con la familia, pero esta vez nos acompañaron otros primos por el lado de mi padre, que también vivían allá. Fuimos a un sitio especializado en tapas, algo muy típico en España, probé muchas combinaciones de estos aperitivos, los que me iba recomendando mi hermano, hasta que no pude más.

Sin duda, me gustó mucho más Europa que los Estados Unidos, igual para mí el país del norte es como un gran centro comercial, para ir de compras. Algo me decía en mi interior, que volvería a Barcelona, me había quedado faltado tiempo para conocer esa ciudad que me había cautivado.

ÚLTIMA NAVIDAD EN DAPA

En diciembre tenía como costumbre decorar mi casa. Instalé luces alrededor de las ventanas, y también armé un pesebre grande; tradición que me habían inculcado mis padres. Tenía la idea de invitar a todos mis amigos y familiares a una novena. El día de la novena, como otra tradición, preparáramos manjar blanco, un dulce a base de leche y azúcar que se cocina en una olla de cobre por varias horas, hasta que la mezcla espese y tome la consistencia deseada. Era una labor bastante dispendiosa, pero que disfrutábamos mucho. La preparación duraba unas tres horas, para que el dulce no se pegara en la olla, se debía batir la mezcla con un palo de madera llamado cagüinga. Dicen que la persona que bate el dulce siempre debía ser la misma, porque se podía cortar. La verdad durante los tres años que lo habíamos hecho, nos turnábamos para batir y nunca se nos dañó.

Algunos estaban pendientes de la leña y el fuego, otros de batir, y por supuesto alguien de pasar las bebidas frías, para mitigar el calor que producía el fogón. En esa ocasión invité a Lady, con su grupo más cercano de amigos, pero ella no pudo ir, tenía la mamá enferma, mi familia no la pudo conocer. Fue una reunión muy especial, estaba rodeado de todas las personas que quiero, disfrutando de comidas ricas, y de la magia que inspira diciembre. Era la última navidad que pasaba en Dapa.

En los primeros días de enero, recibiría una mala noticia que cambiaría de nuevo mis proyectos. Uno de mis clientes, el más grande ubicado en California, llamó a informarme que había tenido un problema muy complicado y a raíz de eso le había tocado cerrar la compañía. Era el cliente que por decirlo así, me daba el sustento para pagar el arriendo en Dapa. Si no conseguía un nuevo cliente en menos de dos meses, no podría seguir asumiendo ese gasto, y me tocaría regresar a Cali, a vivir de nuevo con mi madre; algo que no quería hacer, porque para mí era como un retroceso.

Intenté por todos los medios conseguir nuevos clientes, realicé un sinnúmero de llamadas, ofreciendo mis servicios, busqué antiguos clientes, pero nada, no recibí ninguna respuesta. El Universo me estaba cerrando las fuentes de ingreso. ¿Qué era lo que no estaba aceptando? Si lo miramos desde la Escuela de Magia del Amor y con toda la información que tenía de la forma de actuar del Universo, él me quería sacar de esta zona de confort. Era mi análisis en ese momento.

El primero de abril fue el día que entregue mi casa en Dapa. Me dio mucha tristeza abandonar ese sitio, sobre todo lo que más me dolió fue dejar a los perros que habían compartido tres años y medio de mi vida, Milagros y Pepe. La última noche en Dapa fue interesante, dejé dormir los perros dentro de la casa, no lo hacía desde hacía muchos años. Hasta los perros de los vecinos se unieron, tenía una recua de cuatro perros alrededor de mi cama. Milagros como cosa curiosa durmió debajo de mi cama, nunca lo había hecho, como si supiera que me iba, era su manera de despedirse.

Hablando con Andrea, una de mis amigas de la tribu, le manifesté que no entendía lo que había pasado, por qué tenía que irme de ese lugar y regresar a la casa de mi madre, ella me dijo: "*debes tener algún trabajo pendiente con ella*". Tenía que darle el lugar a mi mamá y reconocer su autoridad, y sin saberlo en ese momento, acompañarla en su transición en el momento de dejar esta tierra.

MICHEILA SHELDAN, JEREMIAH

Para el mes de febrero nuevamente el Universo conspiraba para que encontrara una información de interés. Cuando conecté el YouTube en mi televisor, se abrió en una entrevista que le hacían a una señora estadounidense, Micheila Sheldan, sobre lo que ella hacía. Era una canalizadora, me quede viendo toda la entrevista, me encantó y vibré con su información.

Busqué inmediatamente en YouTube su nombre, y me encontré sus canalizaciones, eran transmitidas por un canal de internet llamado AAE TV. Me llevé una grata sorpresa, el veintidós de septiembre de 2014, ella había subido una canalización de Jeremiah, resultó que era el mismo Jeremías, del que hablo en este libro. El único maestro que yo había visto o imaginado en sueños. Me di cuenta de que Jeremías, si existía, era conocido como el maestro de los sanadores y de los trabajadores de la luz. No estaba loco. A raíz de esta validación de mi información, comencé a interesarme más y vi todos sus vídeos, especialmente donde canalizaba a Jeremiah.

Micheila siempre iniciaba sus videos contando su historia de vida. Su familia era de origen Italiano, con formación católica y sin ninguna experiencia en lo espiritual. Era una persona como cualquier otra, con dos hijas, con las típicas ocupaciones de madres. Trabajando para una gran compañía. A raíz de una enfermedad huérfana, que le producía unos dolores muy intensos, sin lograr respuesta de los médicos, inicio su búsqueda. Fue así como llego a la meditación, era lo único que le calmaba el dolor. Un día cualquiera ella estaba meditando y escucho una voz, alguien le hablaba, se asustó y se detuvo. Pensó que era su imaginación. Luego volvería a escuchar esa voz. Se identificó y le dijo quién era, "Jacob". Con el pasar del tiempo, ella aceptó lo que le estaba sucediendo, sin poner resistencia. Empezaría una búsqueda que la llevaría a conocer más personas despiertas, con dones como los de ella.

Según cuenta Micheila, su familia de alguna forma no acepta lo que ella hace, sus hijas sí, una de ellas parece que viene con el mismo don. Ella tiene la capacidad de ser canal de muchos seres, algunos de otras razas y especies. En el canal también se pueden encontrar canalizaciones de María Magdalena, Jesús, de Pleyadianos, del consejo de la luz, Delfines, etc. Micheila ha escrito varios libros con información suministrada en su canalización por María Magdalena. En sus mensajes siempre está hablando de lo que sucede en el Universo. Por ejemplo, habla de cómo en el 2012 se cerró la red de la tercera dimensión y el cambio a la quinta dimensión.

Su información es increíble y valiosa, explica lo que sucede con los portales, los eclipses, la desviación de los polos. Hasta habla de los cambios que tendremos en el futuro y que ya estamos viendo. También hace alusión sobre block chain, monedas virtuales, la medicina del futuro. En la quinta dimensión en la que estamos entrando, todo cambiará, las cosas no se harán como siempre se han hecho. La innovación será impresionante.

Micheila Sheldan, es un excelente referente para el que esté en búsqueda de información espiritual, si la escuchas y no vibras con lo que ella dice, no es tu momento, pero puedes más adelante conectarte con ella. Lo que enseña es un poco difícil de aceptar porque se sale de todo lo que consideramos normal, por eso la recomendación.

SENDERISMO

Desde muy pequeño, mi padre nos inculcó el amor por las lomas y la naturaleza. Mis abuelos tenían una casa de campo cerca de la ciudad de Cali, en el corregimiento de Felidia. Mis hermanos y yo, pasábamos las vacaciones en ese lugar. Nos conocíamos todas las trochas que existían entre el pueblo y la casa. Nos metíamos por caminos en el monte, para evitar la carretera. El mejor paseo era poder subir a las casas abandonadas, que existían en la zona. Para nosotros eran casas encantadas, con espantos incluidos. Creo que desde 1994, empecé a subir al cerro de las tres cruces. Al principio cada sábado. Después hubo una época en que subía casi a diario, era mi forma de liberar el nivel de estrés por estar sin empleo.

En el 2015, con mi amiga Andrómeda, empezaría a hacer mis primeras rutas de senderismo. Mi hermano menor, cada vez que venía de Europa, me traía aditamentos para practicar este deporte. En agosto de 2017, gracias a Lady, mi novia de esa época, encontraría un grupo de personas que estaban empezando a caminar en las montañas. La idea era que ella me acompañara en estas travesías, pero tenía un problema con los pulmones, su capacidad de recuperación pulmonar era menor que la de todos los demás y se ahogaba.

Siempre había practicado algún deporte, normalmente corría cinco kilómetros día de por medio y subía al cerro el fin de semana. Pensaba que era suficiente entreno para hacer senderismos, pero no era así. La caminata en la montaña, requería más entrenamiento. Poco a poco iba cogiendo más práctica y aprendiendo, por ejemplo, que no se debía apretar mucho las correas del camel-back, porque al estar tan ajustadas no me dejaban expandir mi pecho y se me dificultaba la respiración. Con los dolores de espalda, aprendí a no llevar tanto peso en las maletas, solo lo necesario. No entendía por qué, a pesar de que tomaba mucha agua cuando hacía algunos ascensos, bajaba totalmente deshidratado. Después alguien me explicaría que en las caminatas, se perdían muchas sales minerales a través de la sudoración y era fundamental tomar suero, para mantenerse hidratado. Desde ese día empecé a preparar mi propio suero. A dos litros de agua, por lo general le agregaba dos o tres limones, media cucharadita de bicarbonato y de sal marina, lo endulzaba con miel al gusto. Nunca más me volví a deshidratar, ni a tomar las bebidas hidratantes comerciales.

Reencontrarme con la naturaleza, se volvió mágico para mí. De alguna forma volví a mi niñez, y a recordar las caminatas que hacía con mi padre.

Cuando subimos a más de 2000 M.S.N.M., la mayoría del camino en los farallones está cubierto de musgo, a veces toca caminar sobre material vegetal, y se siente como si se caminara en el aire. La vibración que se percibe cuando se sube a la cima, es única. Escuchar el agua escurriendo de la montaña, es el sonido de la creación, el olor del musgo mojado, una evocación al pasado y, el canto de algunas aves, se vuelve mágico. Todo allá arriba es diferente, es otro mundo que no todos pueden apreciar.

Cada caminata en una nueva montaña es un reto. El llegar a la cima se siente un placer, como sí las hormonas de la felicidad se dispararan juntas. La satisfacción del deber cumplido. Las faenas empiezan a las cinco de la mañana, al final uno termina con los zapatos y el morral mojado, con barro desde la cabeza hasta los pies y con cansancio físico; pero a la vez con una recarga de energía, que solo los que amamos esto lo podemos percibir. El senderismo es mi generador de fractales de la felicidad.

A principios del 2018, abandonaría el grupo, acababa de terminar con Lady, y como era su grupo, por respeto a ella, decidí alejarme de todo. A los pocos meses, los integrantes del grupo me volvieron a llamar y me invitaron a reintegrarme. Seguí por mucho tiempo practicando el senderismo con ellos, y a través de este grupo; llegarían dos personas que harían parte de mi trabajo con la pareja, lo cual describo a lo largo del libro.

OPORTUNIDADES DE NEGOCIOS.

Los primeros días de mayo, como un escape y tratando de adaptarme a mi nueva realidad de volver a vivir en la ciudad, me iría a Estados Unidos a buscar a un amigo que me había llamado en enero para trabajar con él. Iba a estar un mes en Miami, pero resulto que mi amigo no pudo darme trabajo, su socio le había informado que iba a terminar con la empresa. Era una puerta más que se cerraba.

Para mí, Estados Unidos ya no era un lugar que me inspiraba, como cuando estaba más joven. Sentía que había ido a perder el tiempo y a gastar plata de manera innecesaria. Fue un mes muy quieto. Solo veía televisión, algunos encuentros con amigos y salidas esporádicas.

En uno de esos encuentros pude visitar a mi amiga Connie, la que tenía un contacto cercano con los ángeles. Pase el fin de semana en su casa y como era al lado de la playa, me pude meter al mar, disfrutar el clima y cambiar de ambiente. Parece que el propósito de ese viaje era hablar con el esposo y una de las hijas de mi amiga. Él estaba pasando por un momento difícil y necesitaba escuchar sobre los temas espirituales que yo manejaba, le compartí muchos de los conocimientos que había aprendido durante mi proceso espiritual. Mi amiga me agradeció mucho porque su esposo era muy reacio y no creía en esas cosas. Había visto un cambio porque ya no ponía tanta resistencia al trabajo que ella realizaba con los ángeles.

Al día siguiente, continuaría las charlas con su hija mayor. Hablamos toda una tarde y ella también quedo agradecida por haberle dado indicaciones, por contribuir a que abriera su mente. Me sentía muy bien porque estaba haciendo lo que más me gustaba, compartiendo mis experiencias. Recuerdo que al final ella me hizo la siguiente pregunta: ¿Cómo hago para saber lo que tengo que trabajar? Le respondí: "esa respuesta no es tan fácil, no es algo que se da de la noche a la mañana". Según lo que he compartido en este libro, se pueden dar cuenta que todo toma su tiempo, todo ha ido surgiendo con el pasar de los años. Lo principal es abrir nuestras mentes y ser muy receptivos a la nueva información que va llegando. La vida nos irá mostrando lo que se debe trabajar. Mi recomendación para ella era que se debe fluir y aprender a disfrutar el camino, no del resultado.

QUANTUM VORTEX

Por cosas de la vida, me encontré una publicidad sobre una certificación que iban a realizar en Cali de Quantum Vortex, aunque yo no la hice, mi gran amiga Aurora tuvo la oportunidad de realizarla, para ella fue una gran experiencia. Me suministro información respecto al Quantum Vortex, me interesé mucho en tener mi propia terapia. En un principio, cuando pregunté el costo de la sesión, me pareció un poco alto, pero cuando todo corresponde, los fondos llegan y así fue. Asistí a la práctica ocho días después.

Me acosté en la camilla, y ella me dio las indicaciones de hacer unas cuantas respiraciones para tranquilizarme un poco. Colocó una música relajante y me dijo que iba a hacer una revisión de mi cuerpo. Empezó hacer un recorrido de pies a cabeza, en ningún momento existe el contacto físico, solo es energético. Ella sintió que en el chakra superior (Sahasrār) la energía estaba demasiado intensa. Ese recorrido era para preparar el cuerpo, para los procesos que ella iba a realizar. Sentí que la temperatura del cuerpo subía un poco. En algunos instantes percibía que no estábamos solos, pero fue solo eso, una percepción.

Los sentidos se me habían agudizado, escuchaba los latidos de su corazón y su fuerte respiración, era parte del proceso, sentía y escuchaba como la energía me recorría todo el cuerpo, era el mismo sonido de una hojarasca cuando se rompe al caminar sobre ella. En un momento realizó una presión energética sobre mi pierna izquierda a la altura de la rodilla, la sensación fue demasiado fuerte, no era dolor, parecía un calambre. Luego sentí dificultades al tragar, no le presté mucha atención. Cuando terminó, estaba demasiado relajado. Nos sentamos a compartir experiencias. Los zumbidos en los oídos, la fuerte sensación en la rodilla izquierda, los calambres en las manos y la dificultad al tragar saliva.

Aurora hizo una descripción detallada del recorrido de limpieza que había realizado, en términos generales estaba muy limpio, no había tenido la necesidad de quitar íncubos del cuerpo, ni nada por el estilo. Los íncubos (demonios) son entidades energéticas adheridas el cuerpo.

En la pierna izquierda, me pusieron una especie de estructura para fortalecerla. Fue necesario hacer mucha presión por las "herramientas" que utilizaron para asegurarla. Ese fue el momento donde casi quedo sentado por el dolor. En las caderas también colocaron un mecanismo, lo mismo que a la altura de los genitales, según ella, unas estructuras raras.

En el cuello, me pusieron algo que parecía un órgano, como con tres bolas de gelatina color violeta, era muy grande como si me hubieran abierto el cuello. Por eso tuve dificultades para tragar. Según me contó, descargaron muchos códigos y aprovecharon arreglar cosas que aún estaban pendientes de mi árbol ancestral. Cuando mencionó descarga de códigos, me refiero a códigos presentes en las doce cadenas de ADN, que tenemos en nuestro cuerpo energético; y son las que nos permiten ascender a la quinta dimensión.

Me dijo que la energía de mis manos era muy blanca y emanaba mucha luz. La información que tenía en mi mente estaba completa y era fiable, a raíz de eso me pusieron un casco para protegerla de cualquier intento por cambiarla.

Me contó que en mis otras vidas, también había sido hombre y estaba haciendo el mismo trabajo con mi familia. Recibí un mensaje donde me decía cuál era el propósito de mi vida, era solo cuestión de recordarlo. Esa noche tuve una molestia en la pierna izquierda cuando dormía. Al día siguiente me empezó a doler el cuello, como si me hubieran hecho una cirugía. ¿Psicológico?, puede ser. Por varios días tuve sueños con vivencias muy reales.

También se manifestó una molestia en mi estómago, sentía movimientos, se estaba limpiando algo que ya no me servía. Cuando el estómago es el órgano que más se afecta es porque muchas veces se está eliminando información que comprometen sentimientos. Las emociones son viscerales.

Todas las experiencias formaban parte de un proceso, el tiempo mostraría todos los cambios. En mi concepto, Quantum Vortex es una experiencia que se debe vivir, porque compartir lo que sientes, es difícil de describir. Es como un acelerador para tu proceso del despertar. Su promotor, Daniel Cipolat, falleció en el año 2021 de forma al parecer muy extraña.

TRABAJO DE PAREJA (NIVEL V)

Para los primeros días de diciembre del 2018, en mis caminatas, conocería a Aleja, una mujer que me encantó desde que la vi. Era separada, con dos hijos, pelinegra, con una cara muy bonita. Traté de conversar con ella, para conocerla un poco, pero era difícil cuando uno está en las caminatas. La fiesta de despedida de fin de año del grupo de senderismo, se organizó en un lugar de comida típica en el sur de la ciudad, ella estuvo allá, hablamos muy poco y creo haber bailado una sola pieza con ella en toda la noche. Se fue muy temprano, porque su hija estaba sola, me hubiera encantado llevarla, pero no se dio la oportunidad. No nos volvimos a ver hasta el siguiente año.

Seguí mi vida normal y con las caminatas, pero por mi cuenta, porque la entrenadora no volvió a programar ninguna actividad. Hasta febrero pude volver a ver a esa encantadora mujer. Como cosa del destino la volví a perder de vista hasta abril en donde empezamos hablar y a conocernos un poco más. Así que aproveche la oportunidad y la invité a comer. Tuvimos dos encuentros más. Un día la acompañé a un almacén de deportes y otro a un restaurante: Mercatto della Pasta. Ese día cayó un aguacero muy fuerte, y nos tocó quedarnos hasta que cerraron. La última vez que la vi fue en un recorrido que hicimos desde La Vorágine hasta el pueblito Pance, lo realizamos por nuestra propia cuenta, sin el grupo. Realmente no pasaba nada con ella, las cosas no fluían, además ella estaba pasando por una separación que le había causado mucho dolor, tenía mucha rabia y estaba en una situación algo complicada, en otro momento hubiera tomado la decisión de quedarme allí como su salvador, y para ayudarle a resolver sus problemas. Pero de algo tenía que servir todo lo que había aprendido. Tenía que seguir mi camino y dejarla ir, ya era el momento de no forzar las cosas.

TEJIDO CONSCIENTE

Mi gran amigo Kike y mis amigas de la tribu, decidieron organizar la celebración de mi cumpleaños número 52 en Jamundí, en la casa de Luna, la exsuegra de mi amigo. María y Luna, siempre me han abierto las puertas de su casa y me han tratado como parte de su familia. Kike y María, ya no son pareja, pero siguen siendo muy buenos amigos. Ese día decidimos celebrar mi cumpleaños tejiendo. Para ese momento estaba terminando mi mochila número cuatro. Era una mochila que estaba intencionada para entregar el control al Universo, como se debía ofrendar al aire, se la debía regalar a alguien.

En el instante que estaba tejiendo me entró una llamada al celular de la Nena, mi primera novia oficial, me llamaba para saludarme y para desearme un feliz cumpleaños. Me preguntó qué estaba haciendo, le respondí: "tejiendo", me dice: "¿cómo así?" le conté sobre lo que significaba tejer mochilas. Después de escucharme, me pidió que le regalara una, la que estaba terminando, ya se la había ofrecido a Aleja, mi amiga con la que caminaba. Mi intención era no volver a tejer. Pero la Nena me dio la motivación para seguir tejiendo y una luz para su intención. La quinta mochila sería de gratitud para todas las mujeres que había conocido en mi vida, y que de alguna forma había dejado una huella. Hice una "pequeña" lista y cada vez que iba a empezar a tejerla, le daba gracias a cada una de ella. Esa fue la mochila más rápida que había tejido.

La inicié un veintisiete de marzo y la terminé el veintitrés de abril. La guardé para dársela el día de su cumpleaños a la Nena. Hasta que por fin llego el día, dos de julio. Por primera vez visitaba su casa, le dio mucha alegría verme, nos dimos un abrazo, y le dije: "Te traigo lo que te había prometido". Durante una corta visita le conté a ella y a su esposo todo lo que yo hacía y parte de mi locura.

A partir de esa época, retomaríamos de nuevo el tejido, se volvería más constante, lo hacíamos cuando sentíamos la necesidad. Siempre invitaba a mis amigas Aurora y Andrea. En cada reunión de tejido compartíamos nuestras experiencias, de alguna forma siempre se hacía una retroalimentación para ver alternativas y soluciones para afrontar las situaciones que estábamos atravesando. Mi amiga, Andrea, la abogada, también lleva muchos años haciendo trabajo espiritual, se ha preparado bastante y las charlas con ella son bastante productivas. Nosotros lo bautizamos como *tejido consciente*.

No todas las personas que tejen logran una mochila. El tejido es el reflejo de lo que la persona tiene en el subconsciente respecto al tema que escogió intencional. Algunas quedan muy pequeñas y toman formas extrañas, se presentan diversas situaciones mientras se teje la mochila. Cada persona debe encargarse de iniciarla, porque se maneja mucha carga energética. Nuestro espacio de encuentro era en San Antonio. Tratamos de esparcir esta actividad por redes con otras personas, pero la respuesta no fue muy buena.

TRABAJO DE PAREJA (NIVEL VI)

Aquí empieza la última parte de la historia de mi trabajo con las parejas. En una de mis caminatas, el veintitrés de junio de 2019, subí a la piedra de Canadá en Pradera (Valle). Yo estaba indeciso, porque tenía una gripe muy fuerte, además la logística estuvo muy desorganizada. Iniciamos el ascenso y la verdad, yo estaba muy preocupado porque estaba un poco débil. En una parte de la subida me le pegué a una mujer que iba adelante mío, yo trataba de mantener el paso, pero la congestión no me dejaba, me sentía ahogado. Llegamos a un punto donde nos tocó esperar que llegara la otra parte del grupo, cuando nos detuvimos, pudimos cruzar algunas palabras. Ella me comentó sobre el libro que estaba leyendo de ángeles, *Pon el cielo a trabajar*, de la escritora, Jean Slatter. Le dije que era espectacular. Seguimos el ascenso y ella todo el tiempo me motivaba a continuar ascendiendo, conocía el sitio y me decía que ya estábamos cerca. Por ella logré llegar a la cima. Tomamos el refrigerio arriba, pero ella se sentó en otro lado. En la bajada traté de irme al ritmo de ella para acompañarla, pero se fue quedando y mi grupo acelero. La volví a ver cuando hicimos una parada para esperarla.

Ese día había un partido de la selección, el sitio donde habíamos estacionado los carros estaba muy lleno, y decidimos almorzar en otra parte. Algunos se despidieron y otros nos dirigimos a un restaurante del pueblo. Mi nueva amiga Marce se había quitado la indumentaria que traía. Cuando llegamos al restaurante, quedo al otro lado de la mesa, perfecta posición para poder observarla, me pareció muy bonita, con su pelo negro espectacular y con pecas en la cara. Me limité a observarla, cuando nos íbamos a ir, ella se demoró un poco en la caja, yo espere para despedirme de ella correctamente. Sin esperarlo me dio el beso en la mejilla, me tomo por sorpresa. Sentí una energía demasiado fuerte.

A los pocos días, me arriesgué a escribirle, me respondió, y me manifestó que le había dado mucho gusto escucharme. Quedamos en salir, pero sería después de un viaje que iba a hacer con mi grupo de senderismo al volcán nevado del Cumbal.

Ese viaje me sirvió porque hice una especie de cierre simbólico en el volcán, era una forma de dejar atrás todas las relaciones que había tenido. Era una tarea para perdonar, olvidar, y soltar lo que no estaba destinado para mí. Hice una quema en la cima del volcán, para liberar lo que ya no tenía futuro. Estaba preparando el camino para lo nuevo. Como parte de mi locura y en mi concepto por la fuerza del tejido consciente, al entregarle la mochila de gratitud a mi primera novia, el dos de julio, el Universo me estaba dando el permiso para poder encontrarme con esta nueva pareja.

El cinco de julio, saldría por primera vez con Marce. Una mujer que cambiaría mi vida totalmente y de qué forma. La primera invitación fue a almorzar a un restaurante que queda en San Antonio, ella llegó muy puntual, me encantó verla y su forma de vestir me fascino. Al salir, fui a pagar la cuenta y el cajero solo me cobro un plato, yo no estaba pendiente y cuando estábamos en la puerta me dicen "falta un plato por pagar". Me dio mucha pena, pero ella lo tomo de manera muy tranquila, solo soltó una carcajada y dejo ver su hermosa sonrisa. Eso me gusto, se veía una persona descomplicada y alegre.

Mientras conversábamos, iba conociendo a que se dedicaba, sus gustos y maneras de pensar, había mucha confianza y me contó algunos problemas que tenía con su grupo de trabajo y las diferentes confrontaciones. Le recomendé a mi amiga Aurora para que le ayudara, le concerté una cita con Aurora, en un restaurante vegetariano cerca de su oficina.

CONFABULACIÓN DE LOS ÁNGELES

Con la autorización de los ángeles, mi amiga Aurora, le ofreció dar dos conferencias en su oficina para trabajar este tipo de situaciones. Desde ese momento, empezamos a buscar espacios para estar juntos. Al principio esporádicamente, pero después se volvería más frecuente. Los dos teníamos el mismo gusto por el deporte. Como su hijo practicaba natación en las piscinas panamericanas, yo empecé a acompañarla y le propuse que aprovecháramos ese tiempo para correr o caminar, una vez por semana.

La verdad acercarme a ella no fue fácil, porque a veces me volvía intenso. Pienso que las cosas funcionaron bien por la cantidad de cosas que teníamos en común. Empezando porque a ella también le gustaba como a mí ver a su pareja constantemente. Le encantaba que estuviera pendiente de ella, que la acompañara y estar siempre comunicados para saber que el otro estaba bien.

Como lo digo al principio tenía mucha incertidumbre, ella de entrada me dijo que no quería nada con nadie, que acababa de salir de una relación, no me daba ninguna certeza, y siempre me recalcaba que no quería comprometerse.

Le preguntaba a mis amigas estrategias de conquista y siempre en las noches le preguntaba a los ángeles que me enviaran señales. En una terapia de Quantum Vortex, me decían que ella era la persona indicada para estar conmigo, pero todo dependía de su evolución espiritual, era una de las razones por la cuales ella se había acercado a mí, le llamaba mucho la atención, lo que yo trabajaba y lo que hacía.

Los ángeles, a través de una canalizadora, me dijeron lo mismo, que ella era la persona que me habían enviado, pero que debía tener cuidado con mis sombras, algo que no hice. Para finales de agosto, su mamá contrajo una enfermedad que la tuvo en la clínica por casi un mes, estuvo grave, la acompañé y la apoyé en todo. Le demostré mi incondicionalidad con ella, con sus hijos y con su familia.

En una de nuestras carreras, el siete de septiembre, por fin acepto nuestra relación. Nuestro primer beso fue después de haber corrido diez kilómetros en el parque de la Salud de Cali, en la zona del río Pance. Estando en nuestro proceso de enamoramiento, me nació la idea de entregarle una mochila de gratitud porque ella me hacía sentir plenitud y gozo. Cuando se lo manifesté, ella no lo pudo entender, me dijo que tomara las cosas con calma, solo le dije: "el día que te abras a vivir la vida desde otra conciencia, entenderás lo que te digo". La mochila se la entregué como un regalo de compromiso, a mi regreso de España. Era muy significativo porque era algo que había hecho con mis manos, quería demostrarle mi gratitud, por haber llegado a mi vida. La mochila tomó forma de un poporo precolombino.

MAYEUTIK COACHING

A principios del año 2019, vi la necesidad de buscar algo nuevo para hacer. Me encontraría un curso que podría complementar toda la formación que había venido haciendo, a lo largo de los últimos años de mi vida, desde el 2012. Lo dictaban en el Instituto de Borja Vilaseca, quedaba en la ciudad de Barcelona, en España, era una formación en Mayeutik Coaching. Me inscribí y compré los tiquetes.

Para poder viajar, me toco vender mi carro, y mi hermano me ayudo con la otra parte de dinero. Le estaba apostando todo a este curso. Viajé a Barcelona, el día dieciséis de septiembre. Ese día me paso algo que había anhelado por muchos años. Aunque suene un poco cursi, yo siempre había querido que mi pareja, me llevara al aeropuerto, algo tan sencillo pero era de mucho significado para mí. Esta vez sucedió como lo había pensado. Marce, mi pareja se ofreció a llevarme.

Desayunamos juntos y fue una despedida de película, como si no nos fuéramos a volver a ver. Tuvimos una relación virtual por dos meses donde hablábamos todos los días. En la mañana, al medio día o en la noche. Lo disfrutábamos porque ambos éramos intensos en la relación. Colocaba mi reloj en la madrugada para darle un mensaje de buenas noches. De verdad fue increíble todo lo que viví con ella, y se convirtió en mi soporte durante mi estadía en España.

Durante mi viaje estuvo pendiente de mi madre, la visitaba a diario y la matriculó en un programa de adulto sénior. Todos esos detalles hicieron que me enamora muy rápido, ya imaginaba la posibilidad de vivir con ella, era mi mayor ilusión. En mis planes ya estaba apoyarla en la crianza de sus hijos. Aunque sabía que era una gran responsabilidad, pero estaba dispuesto a asumirla.

DUELO CONGELADO

Cuando resulto mi viaje a España, tenía muchas expectativas. El primer propósito era prepararme como Coach, pero la vida me tendría otra sorpresa. Algunos fines de semana donde caía festivo, no nos dictaban clases, los aprovechaba para viajar o seguir preparándome. Para el festivo del primero de noviembre, donde celebran el día de las castañas, tuve la oportunidad de viajar a Requena, cerca de Valencia, a un evento que se llamaba: ***Cien hombres evolucionantes.***

Como su nombre lo decía, solo asistían hombres, con la intención de prepararse, desarrollar su SER y su despertar de conciencia. Aunque era la tercera vez que se realizaba, no dejaba de ser un evento novedoso. Nos hicieron una nota para un canal de noticias de la televisión española. Eran tres días programados para desarrollar los diferentes talleres. Algunos se volvían muy emotivos, porque se lograba reconocer situaciones de vida que no sabíamos que estaban pendientes de procesar o trascender.

En uno de los eventos, tuve la oportunidad de procesar un duelo congelado que tenía con mi padre, no sabía que existía. Se escogía una pareja para trabajar, elegí a Manuel, un excelente tipo, siempre con una gran sonrisa y vestido a la usanza de los españoles de los años 70, con boina y pañoleta amarrada a su cuello. Todo un personaje, muy carismático y siempre andaba besando a todo el mundo en la mejilla.

Él tomaría el rol de mi padre, me generó tanta confianza que pude sacar de mi corazón todo lo que sentía. Le di las gracias por la vida, por haber sido mi padre, por sus enseñanzas, entre otras cosas. A él, le pude expresar lo que no había hecho con mi padre el día dieciocho de agosto de 1998. Esa noche estaba regresando de mi año sabático en Estados Unidos. Cuando vi a mi padre, no quedaba nada de ese hombre entero y fuerte que siempre había sido. Verlo, me causo una inmensa tristeza. Estaba muy flaco, se le notaban los huesos, su cara demacrada con un color grisáceo y la mirada caída denotaban agotamiento. Se había sentado en un sillón de la sala para esperarme, tenía puesto una sudadera gris que le colgaba. Tuve que contener mis lágrimas. Me causo mucho dolor verlo en ese estado. Fue un episodio que destrozó mi alma. Lloré como un niño, pero pude soltar todo ese sentimiento de tristeza que había guardado por veintiún años.

A veces no nos damos cuenta y arrastramos muchos sentimientos por años. Ese sentimiento de dolor puede causar enfermedades cuando lo guardas por mucho tiempo. Afortunadamente, no fue mi caso, pero sí estaba gastando parte de mi energía vital, guardando ese recuerdo en mi subconsciente. Fue una gran liberación.

RITUAL DE PASO

Otra de las experiencias que más me marco, fue a través del ritual de paso o rito de paso. La persona que dirigió la actividad, nos explicó que este era un ritual ancestral, tradicional de las sociedades primitivas indígenas. Eran ritos con los que se marcaba el paso de la pubertad a la madurez. El paso de niña a mujer; y de niño a hombre.

Para la mujer el ritual de paso estaba determinado por la propia naturaleza, este evento sucedía con la llegada de la primera luna o menstruación, es el momento donde la mujer podía empezar a concebir, dejaba de ser una niña para convertirse en mujer, estaba lista para casarse.

El ritual de paso para los hombres, no estaba determinado por ningún evento tan sensible. Por eso las sociedades primitivas, realizaban el ritual a través de las excursiones de casería. Los adultos salían con los jóvenes de casería, para iniciarlos en las labores como hombres y los instruían de cómo debían cazar y sacrificar a su primera presa. Estos jóvenes ya no regresaban a los hogares de sus padres, llegaban como hombres directamente a su propio espacio.

Para mí, esta información fue de mucha utilidad, en ese momento entendí, porque en nuestra sociedad actual, somos muchos los hombres que nos resistimos a abandonar el hogar de nuestros padres y nos excusamos en una famosa frase colombiana: "No hay nada mejor que el hotel mamá". Sería la perfecta explicación al síndrome de "los hijos Bon Bril". Cuando me separé, lo primero que hice fue buscar un lugar para irme a vivir solo, pero al final terminé en casa de mi madre. Cuando me bajé de Dapa, nuevamente terminé en la casa de mi madre.

Esa noche tendríamos la oportunidad de realizar o recrear un ritual de paso. Como estábamos ya en temporada fría y los vientos te podían congelar, los organizadores nos recomendaron que lleváramos la mayor cantidad de ropa puesta encima, afortunadamente llevaba mis guantes para frío.

Primero nos reunieron en una habitación, nos vendaron los ojos y nos dieron algunas instrucciones. Debíamos guardar silencio y mantener la venda siempre puesta, no podíamos ver nada. Nos dejaron como una media hora, hacían sonidos, golpeaban las ventanas, le pegaban con látigos a los pisos y cosas así. Trataban de infundirnos miedo, aprovechando la oscuridad.

Salimos en fila india de la habitación, siempre teníamos el mismo orden, primero iban los mayores, el menor era el último de la fila. Nos llevaron a través del campo, cada uno apoyando sus manos en los hombros de la persona que iba adelante, cuidando de no ir a tropezar. No veíamos nada. La zona era una pequeña planicie llena de árboles de olivo.

En la medida que íbamos ascendiendo nos abandonaban a cada uno al lado de un árbol. Al principio opté por acostarme a esperar, estaba bien abrigado y no tenía frío. Con el transcurrir de las horas, con tanto silencio y sin poder ver nada, me entró el desespero, me quité la venda y fui a recorrer la planicie. De un momento a otro sentí que se acercaban las personas que nos habían abandonado en el lugar, se veía el reflejo de las linternas. No alcance a regresar al lugar donde me dejaron inicialmente, pero me hice visible para que me llevaran con ellos.

Empezamos el descenso, eso si, todo el tiempo con las vendas. Llegamos a la entrada de un lugar que habían habilitado para el final de ritual. Íbamos entrando de uno en uno al sitio. A la entrada nos preguntaban si queríamos ser parte de la tribu: "¿Aceptas ser parte de esta nueva tribu de hombres evolucionantes?". Luego nos pintaban la cara con tizne, nos abrazaban los facilitadores y nos daban la bienvenida. Recorríamos unos cinco metros y salíamos a un espacio abierto con una gran fogata. Nos íbamos acomodando alrededor del fuego. Escuchamos un pequeño discurso, donde nos reconocíamos como hombres evolucionantes.

Para completar el ritual debíamos ofrendar algo que nos representará un cambio, o algo a lo que tuvieras algún apego, era la forma de soltar tu ego. Cada persona iba quemando lo que quisiera, algunos quemaban papeles, camisas, collares y daba la explicación del porqué su ofrenda. La verdad lo pensé mucho, no encontraba que ofrendar. Además había viajado con poco equipaje. Lo único que podía representar algo de valor sentimental y hacía parte del otro yo, era la ropa de marca. Decidí ofrendar una gorra de sol, de la marca Nike, que me había acompañado los últimos años en mis caminatas y ascensos a los picos nevados de Purace y el Cumbal. También una camisa en algodón blanca marca Polo Ralph Laurent, que me encantaba. Estaba despidiéndome de mi antiguo yo. Sin saberlo, al quemar cosas de marca estaba soltando ese joven, que en su pubertad solo vivía de las apariencias y del qué dirán.

Estuvimos alrededor del fuego mucho tiempo, mientras cada uno hacía su ofrenda, se sentía mucha camaradería, éramos uno. Algunos cantaban, otros gritaban y bailaban, todo era risas y carcajadas. El frío en ese lugar ya no se sentía. Al final de la noche, al regresar al sitio de hospedaje, habían acondicionado un salón para una fiesta, pero con música electrónica, me fui a dormir.

En ese evento tuve la oportunidad de conocer un coach, Danny, con el que trabajaría una mentoría por dos meses. Esta persona, me ayudó a organizar mi trabajo, a enfrentar mis miedos, a confiar en lo que hacía y lo más importante a darle valor a mi trabajo. A través del proyecto, surgió la idea de desarrollar mi propia marca, la llamaríamos Pedagogía Oisuki.

Con ella se busca crear herramientas para que otras personas tengan un proceso de despertar de conciencia más rápido, más práctico, coherente y que se torne más sencillo. Aunque cuando trabajamos nuestro SER, las cosas no son sencillas. Lo que hacemos es aprender a disfrutar el camino. Esta pedagogía es una mezcla de mentoría de vida, Mayeutik coaching, Escuela de Magia del Amor y de tejido consciente.

LAS SOMBRAS

En la terapia de Quantum Vortex y la canalización con los ángeles me habían advertido de otro aprendizaje con mi pareja, tenía que tener cuidado con mis sombras. Estaba tan inmerso en todo lo bueno que estaba sucediendo con Marce, que no estaba tan consciente de algunos comportamientos que estaban aflorando.

Sin darme cuenta, me estaba comparando con las parejas que ella había tenido anteriormente, sentía una impotencia por no poder ofrecerle una vida mejor. Unos días antes de regresar de España, ella me manifestó que le encantaría que nos fuéramos a vivir juntos, estaba encantado. Desde la ilusión le dije que por supuesto. Después me di cuenta de que tenía que poner los pies en la tierra. En ese momento de mi vida, no existía la mínima posibilidad de que eso sucediera. Cuando se lo dije, no lo tomo bien. Una amiga me propuso un negocio de un call center, pensé en alquilar una casa y usar un espacio para la oficina. Tampoco le gusto, y razón tenía. Se fueron juntando una cantidad de situaciones incómodas para ella, porque estaban involucrados sus hijos.

Cuando creía que había culminado mi trabajo de pareja y me sentía listo; con el derecho de formar una familia, todo se terminó. El veintinueve de diciembre, Marce fue muy sincera y me dijo que no le veía futuro a nuestra relación, se conocía y sabía que se aburriría más tarde que temprano. No podía detenerla. Acepte su decisión sin rabia ni dolor. Solo le di las gracias por su honestidad.

Tomamos la decisión de seguir como amigos. Nos veíamos y pasábamos mucho más tiempos juntos. El problema era que había mucho afecto entre los dos, nos comportábamos como pareja. Cada vez que le robaba un beso, siempre me decía que sin ilusiones y sin expectativas, pero quien le puede decir eso al corazón. Estaba perdidamente enamorado de ella, pero no la podía obligar a seguir a mi lado. A finales de febrero, el día veintidós, tome la determinación de alejarme de ella.

A raíz de este final tan doloroso, y para muchos sin causa aparente, la vida me estaba forzando a empezar una búsqueda más profunda. No seguía muchas veces mis presentimientos, porque le hacía más caso a la razón, y me parecía increíble que alguien le pudiera desear algo malo al otro. Pero también aprendí que una persona con mucha rabia, odio o envidia, puede hacer que esa energía se manifieste en el cuerpo del otro.

Hace algunos años tuve la oportunidad de conocer una persona de descendencia indígena en un pueblo del Cauca, tenía un "don" muy bonito, ella a través de su trabajo ayudaba a las personas a hacerse limpieza de su cuerpo energético. Ella, con el uso del agua y de algunas matas, podía ver como se manifestaba en esa agua, lo que a la persona le estuviera incomodando. En mi vaso con agua, lo único que se manifestó fue sal, ella me dijo que eso era producto de la envidia que me tenían, pero en teoría estaba limpio. En ese momento me entro un presentimiento, y lo seguí, eso me llevaría a buscar otra persona con mayor capacidad, por así decirlo.

Gracias a lo que sucedió con esta mujer que amo y de quien estuve perdidamente enamorado, pude llegar a explorar algo que me resistía a creer. Solo la pérdida, de una mujer tan valiosa y poderosa, me forzó a realizar la búsqueda. El Universo siempre sabe como hace sus cosas, aunque nos duela mucho, pero siempre tiene su propósito de amor. Ella me guío hacia las personas que me ayudarían a cerrar un proceso pendiente y que estaba abierto hace muchos años. A través de un trabajo chamanico encontramos algo que me estaba afectando. Por medio de un acto de sicomagia y con el uso del fuego, destruiría lo que encontré. Algunas personas dicen, que estos personajes son charlatanes y se aprovechan de los ingenuos, para sacarles dinero.

No sé qué me depara el futuro, pero con la última experiencia de pareja, avance mucho, no sé si la próxima pareja será o no la definitiva, pero si llega es porque así corresponde. Llegará en el momento que tiene que ser, no antes ni después. Eso sí, espero que sea alguien con quien seguir este camino de crecimiento y de aprendizaje. Desde lo que he vivido, experimentado y desde la academia, tengo muy claro el prototipo de mujer que llegará a mi vida, ante todo despierta. Igual no es lo que uno quiera, es lo que nos corresponde, es algo que ya hemos pactado antes de venir a esta encarnación. Cuando dos almas se reconocen no se vuelven a separar. Dos veces sentí eso en mi vida, pero ambas se fueron, cada una me trajo algún aprendizaje. Solo tengo gratitud infinita, por haber cumplido nuestro acuerdo.

LA ÚLTIMA TOMA DE YAGÉ, DUALIDAD

El día dos de febrero del 2020, Marce y yo haríamos una toma de yagé. Se lo propuse y ella aceptó, quería volver a vivir esa experiencia. Para mí ella era una especie de talismán, era un alma vieja, una maga muy poderosa y necesitaba de su presencia a mi lado en esa toma para sentirme protegido y cuidado, era como un ángel.

Para la toma nos separaron hombres y mujeres, como era de costumbre es estos eventos. Hubo un rezo para bendecir la medicina y luego empezarían a entregarla. Primero tomamos los hombres, los que nunca habían tomado iban al final. Luego les tocaría a las mujeres con la misma secuencia. Me incomodo ver niños tomando yagé. Aunque según escuché era algo normal, pero no me sentía bien, con eso.

Después de la toma del yagé, nos fuimos a la carpa que teníamos armada, al lado de una cancha, nos recostamos a esperar el efecto de la medicina. Había pasado casi una hora y no sentía nada. En un momento se acercó uno de los taitas a preguntar como estábamos, ella le dijo que bien, yo estaba con la mirada perdida. De un momento a otro ella salió corriendo hacia los matorrales, yo hice lo mismo, empezamos a vomitar de una forma impresionante, como si se nos fuera a salir el alma a través de la boca. Escuchaba a los niños llorar, estaban cerca.

Como estábamos en un campo abierto se veía mucha gente caminando por el sitio, la verdad no sabía si lo que estaba pasando era real. Llegó un momento donde vi un centauro corriendo por el campo, iba muy rápido, saltaba de un lado a otro con una facilidad impresionante, también vislumbré a lo lejos, personas saliendo de los matorrales, estaban tocando música. Todo me daba vueltas. En la candela que estaba a lado de la carpa se me aparecían imágenes "diabólicas".

Los taitas me habían dicho que si estaba en un viaje que no me gustara, le dijera a la bendita medicina que cambiara la experiencia, eso hice, le pegaba al piso con las manos y le pedía al yagesito que me sacara de ese viaje. No quería seguir viendo esas imágenes tan impresionantes, pero no fue así, tuve que aguantar hasta el final.

Era tan fuerte la conexión con mi exnovia, que los dos estábamos viendo y viviendo lo mismo. Los dos queríamos salir de ahí rápido porque no era nada gratificante. De un momento a otro comenzó a llover y nos metimos en una carpa cerca a los baños. Nos acostamos juntos toda la noche a escuchar todo lo que sucedía a nuestro alrededor. Se oían unas canciones muy bonitas y un sonido con la armónica, que a mí me retumbaba en los oídos, como si estuviera alguien a mi lado tocándola. Me sentía tan cerca de Marce, mentalmente le decía que la amaba y que me encantaría pasar el resto de mi vida a su lado. Fue un momento de mucha paz y tranquilidad. A las cinco de la mañana, nos hicieron un ritual de limpieza, una vez terminó nos despediríamos del grupo y bajaríamos a Cali. Esa fue la última vez que compartimos algo juntos.

No me sentía capaz de ser su amigo, porque cada vez que estaba cerca me daba cuenta del amor tan grande que seguía sintiendo. Pero ella no me correspondía. La había perdido y no le podía exigir nada. El sábado veintidós de febrero con lágrimas en los ojos, la abracé y la besé. Con la voz entrecortada le dije que no podía seguir a su lado. Desde ese día me borro de su vida, me bloqueo de todas sus redes. Fue un proceso demasiado doloroso y duro de superar.

Para despejar un poco mis dudas realicé una última consulta con los ángeles, y me dijeron que estaba muy cansado, que lo mejor para mi salud física y mental, era alejarme a descansar por veintiún días. Casi por un mes estuve escribiendo cartas, una manera de hacer catarsis. En otra época de mi vida, este proceso de soltar y sanar hubiera durado perfectamente dos años, pero esta vez no me tomo tanto tiempo. Comprendí que las relaciones duran lo que tienen que durar. Ella y yo teníamos un compromiso de almas.

Marce vino a abrir mi corazón, necesitaba sacarlo del blindaje en el que estaba. No había amado a nadie como la ame a ella. A mis otras parejas las quería mucho, pero no era lo mismo. Por eso había sufrido tanto con ella, porque estaba amando de verdad y había estado en una plenitud única. La vida tenía que continuar, no fue fácil. Y aún no han terminado las lecciones de pareja que me han tocado en esta encarnación.

ADIÓS- MAMÁ GALLINA

La llegada de esta pandemia, fue un fuerte golpe para muchas personas. A mi madre hacía un año le habían diagnosticado un deterioro cognoscitivo simple de su memoria. Si no se atendía llegaría a demencia senil. Estar encerrada le estaba creando mucha ansiedad; caminaba por el piso tratando de entretenerse, la notaba un poco lenta y la veía un poco deteriorada físicamente. Le daba mucho miedo estar sola, no podía ver una puerta cerrada porque le entraba la desesperación. Comenzó a quejarse de un dolor, llegamos a pensar que era algún cálculo. Hacía tres años le habían sacado la vesícula y tenía la misma molestia. No la llevamos a la clínica por el miedo al contagio del virus.

El día viernes veintitrés de mayo, cuando almorzaba con ella, note que su piel se había tornado a un color grisáceo. Inmediatamente, llamé a mi primo médico y le mandó exámenes de laboratorio. Al día siguiente la internaron en una de las clínicas de la ciudad. Empezaron hacerle los exámenes. El diagnóstico no era el mejor; cáncer de cabeza de páncreas, no operable. Darles la noticia a mis hermanos no fue fácil. El miércoles veintisiete le colocaron un stent en su páncreas y le hicieron la biopsia para determinar el procedimiento a seguir. Inicialmente, habían pensado solo en quimioterapia, luego determinaron que también era necesaria la radioterapia.

Mi hermano mayor logró llegar por carretera desde Bogotá el día sábado treinta de Mayo. Su compañía le consiguió la autorización para viajar a pesar de las restricciones que había en ese momento. Ella estaba relativamente tranquila, todo lo había manejado con mucha calma y tratamos de no darle toda la información. El día miércoles tres de junio iniciaría la radio y la quimio terapias. La primera terapia la recibió bien, al día siguiente no le pudieron hacer la radio, porque estaba mala la máquina, el viernes le repetirían el tratamiento, ese día no se veía bien.

Esa tarde, un enfermero amigo de la casa entraría a reemplazar a mi tía que había estado con ella los quince días a su lado. Mi tía, no salía de la clínica, por el miedo a que no la dejaran volver a entrar. Los mayores de 60 años no podían entrar a las clínicas. A la mañana siguiente, el día sábado seis de junio, el enfermero me envía un mensaje donde me informa que le iban a hacer un examen a mi madre, para descartar una neumonía. Cuando iba para mi visita diaria, mi primo, el médico, me dice que era mejor que recogiera a mi hermano, porque mi madre iba para cuidados intensivos.

Cuando llegamos, ella tenía su respiración muy agitada, pero lo malo era su mirada, yo ya la conocía. Le pregunté al enfermero y él me lo confirmó, mi madre estaba agonizando, se lo dije a mi hermano mayor. Ella no estaba consciente, llamé a mis otros hermanos a darles la triste noticia, ella se estaba yendo. Lo mejor era que se despidieran. Mi hermano, que vive en Suiza, tenía tiquetes para abril y mi hermano gemelo, que vive en Estados Unidos, tenía tiquetes para julio. A pesar de su inconsciencia, ella escuchó lo que mis hermanos le dijeron, alcancé a ver una pequeña sonrisa en su rostro.

Tratar de decirle tantas cosas a tu madre en tan corto tiempo, no es fácil. Mi madre le tenía mucho miedo a la muerte, por casi dos horas le hablé tratando de calmarle ese miedo, le dije que se fuera tranquila, le agradecí por haber sido mi madre, que su trabajo ya estaba hecho, no valía la pena quedarse a sufrir esa enfermedad. Todo había sido perfecto. Cuando la bajaron a cuidados intensivos, le dije: "Madre nos veremos allá arriba, gracias por la vida, te amo". Sabía que no la volvería a ver.

Cuando bajamos a la sala de cuidados intensivos, el médico internista, salió y nos dijo que ella estaba muy crítica, le estaban haciendo reanimación, le dijimos que nosotros habíamos hablado con anticipación al respecto y los cuatro hermanos acordamos que no queríamos reanimación para ella. A las cinco y treinta de la tarde trascendió, nuevamente, hacer una llamada muy dolorosa a mis hermanos para decirles "se nos fue nuestra madre", no fue fácil, todavía me hace eco el grito de dolor y tristeza de mi sobrino menor.

El papeleo fue rápido, desafortunadamente ya era experto por las experiencias anteriores. A las siete de la noche tuve tiempo de parar, hacer el duelo sentado al lado de su cuerpo inerte en la pequeña sala de la morgue de la clínica. A la espera del vehículo funerario hubo mucho llanto y mucha tristeza, pero con la tranquilidad de haberla ayudado en su partida.

Su entierro seria al día siguiente, fue muy duro, solo diez personas pudieron asistir, hizo mucha falta el abrazo de la familia y de los amigos. Todo fue por Zoom, los rosarios, la misa y el entierro. Ella fue una persona muy querida, sus amigas eran muchas y siempre tenía una sonrisa para ellas. Mi madre presentía que se iba a ir, se fue yendo poco a poco, los últimos días no había dormido en su casa, sino donde su hermana y a ella, le dijo que veía gente y entre ellas sus hermanas que ya habían partido.

También yo lo presentía, un día que entré a su habitación, estaba de pie junto al espejo y en su cara vi la muerte, se me vino de inmediato a la memoria, el recuerdo que ella era mamá gallina. Le pedí a Dios que no se fuera hacer realidad. Cuando la mamá gallina trasciende, los hijos que quedaban solteros se pueden casar. Mi madre ya había cumplido su tarea y su compromiso de alma, su partida ya estaba acordada y hacía parte del trabajo.

Si somos capaces de abrirnos al fluir de la vida y buscamos en cada situación el propósito de amor, dejaremos de sufrir. En mi caso entendí que el Universo me había preparado para este momento. Fue muy triste y pudo haber sido muy traumático, si me hubiera conectado desde el drama. Como lo hice desde el corazón, su partida la pude aceptar con tranquilidad, para mí fue la mejor opción.

ANCESTROS – LA FUERZA

Tenía la idea que el trabajo con mis ancestros había terminado, pero no fue así, faltaba una última tarea. Empezarían una serie de sincronicidades de un proceso pendiente. No tenía presente que al árbol, se le podía pedir fuerza, energía, prosperidad y éxito. Lo había escuchado un día jueves en Instagram a una terapeuta de theta healing, recomendado por mi amiga Meli. Al día siguiente escuché a Merche, una canalizadora de España, donde invocó al Arcángel Azrael, hablando del mismo tema. En él enseñaba un ritual con dos procesos para trabajar con el árbol. El primero era para atraer la energía del árbol. Se debía tener un recipiente lleno de agua y colocar algunas velas dentro del recipiente. Se prendían las velas y se les pedían a los integrantes del árbol lo que necesitábamos. Al día siguiente se debía hacer otro ritual para purificar esta energía, para que se quedara lo bueno. Se debía introducir arena en un plato y en una piedra dibujar el cubo del arcángel Metatron, a través de una canción, debíamos pedir esa purificación, el proceso se podía hacer varias veces.

A la semana siguiente tuve la oportunidad de volver a escuchar a Paola, la terapeuta de theta healing, en su programa en las redes. Me dio otro dato curioso donde decían, que algunos podemos tener un compromiso o acuerdo de almas con alguien en nuestro árbol que esté vivo. Esa noche, me llego demasiada información, me mostraron a través del sueño, que tenía un acuerdo pendiente y con quién era el acuerdo, como debía cerrarlo, que decir, fue perfecto.

Mientras realizaba el tejido consciente con mi amiga Andrea, la abogada, me llegó un recuerdo de la información que me había dado el falso maestro. Cuando él me leyó la supuesta carta en arameo, me dijo lo mismo del sueño, pero yo nunca lo quise aceptar, una persona me había hecho un trabajo, para qué la persona que yo amaba se alejara de mí. Ella se había llevado mi abundancia y mi prosperidad. Gracias a ese cierre, estaba recuperando lo que me pertenecía.

He decido seguir fluyendo, soltando cualquier expectativa y apego. Lo que tenga que suceder, sucederá, sin necesidad de forzar nada. Cambiando, de alguna forma, mi manera de relacionarme. Como lo escribí en el prefacio de este libro, el trabajo no termina. Cuando podamos convertir nuestra función en misión, el trabajo habrá terminado, todo será diferente. Sigo trabajando para seguir encontrándome conmigo mismo, con mí SER. A despertar la divinidad que hay en cada uno de nosotros, a convertirnos en mensajeros de la luz. Espero que esta información, te pueda dar luces del camino a recorrer.

Hasta que te encontré, es la búsqueda de mi SER, es el encontrarme con mi YO Superior, así lo entendí.

Dicho está, hecho esta y así es

Namaste

EPÍLOGO

Todos los seres humanos somos espirituales y cada uno está en un nivel de evolución diferente. Se dice que una persona está dormida, porque no utiliza su capacidad de razonar y pensar, y no se cuestiona nada porque las cosas a su alrededor funcionan "correctamente". Hemos sido criados para que sigamos las enseñanzas de nuestros ancestros, porque sí, para ellos han funcionado, ¿para qué cambiarlo? Estas personas se encuentran en una zona de confort, es válido y respetable, porque hace parte de su evolución en esta encarnación.

Este Universo es una creación del padre, para que nosotros como sus hijos podamos experimentar la vida. Salimos del padre y regresaremos al padre. Se dice que en ese proceso, una consciencia puede demorar unos 39.000 años, y debe pasar por todos los estados de la naturaleza, desde el mineral, vegetal, animal y el último es el humano. La piedra para poder ser piedra necesita información, o de que otra forma podría estar en las moléculas de los cristales. ¿En dónde se almacena esa información?, en una consciencia divina.

Igual sucede con los seres de los otros reinos, a veces las personas dicen que sus flores y matas, están mejor cuando les hablan. Los animales también poseen una consciencia y se dice que para los animales domésticos como gatos y los perros, su próximo paso de evolución es el de ser humanos.

Los seres humanos, podemos estar al final de ese recorrido de 39.000 años, nos pueden faltar pocos años para nuestro siguiente paso de evolución. Todos tenemos una consciencia divina, que ha venido cambiando de traje a lo largo de los miles de años en diferentes vidas. La idea es que en cada una de ellas vayamos adquiriendo más información para llegar al estado de iluminación donde nos volvemos maestros humanos en sabiduría.

A partir de este momento ya no se necesita el cuerpo humano, primero se asciende a maestros pedagogos, luego a maestros administradores del Universo y finalmente hasta llegar a maestros creadores del Universo en la dimensión 39, al llegar a la 40 nos fundimos con el padre. No existe un manual sobre como las personas deberían hacer su proceso de despertar de conciencia, entender la existencia es un propósito espiritual al que vinimos a esta tierra.

Lecturas Recomedadas

Mendez, Connie (1978). *Libro de MetafÍsica 4 en 1*. Mexico: Ediciones Giluz.

Chopra, Deepak (2007). *Las siete leyes espirituales del éxito*. Colombia: Grupo Editorial Norma.

Slatter, Jean (2008). *Pon el cielo a trabajar*. Argentina: Editorial Sirio.

Tolle, Eckhart (2009). *El poder del Ahora*. España: Editorial Gaia.

Schucman, Helen (2007). *Un Curso de Milagros*. Colombia: Publicado por Peace of God E.U.

Fisher, Robert (1989). *El caballero de la armadura oxidada*. España: Ediciones Obelisco.

Lipton, Bruce (2010). *La biología de las Creencias*. México :Gaia Ediciones.

Walsch, Neale Donald (2003). *Conversaciones con Dios I*. España : Editorial Debolsillo

Sivananda, Swami(2005). *BHAGAVAT GITA*. México: Editorial Ela

Schmedling Torres, Gerardo (2004). *Manuales de Escuela de Magia del Amor*.

Colombia : Uniccoomundo. Cel: 315-8063881 – 316-4125313

Eker, T. Harv (2005). *Secretos de la mente millonaria*. España: Editorial Sirio S.A.

Roman, Sanaya y Packer, Duane (1994). *Como crear dinero*. Argentina: Editorial Humanitas

Chopra, Deepak (2003). *Sincrodestino*. Colombia: Editorial Aguilar, Altea, Taurus, Alfaguara S.A.

Chapman, Gary (2017). *Los cinco lenguajes del Amor*. Estados Unidos: Editorial Unilit

BIBLIOGRAFÍA

Testa, Adriana (5 de enero de 2021). *Despertar al Ser.* Escuela de Reiki y Terapia Holística

https://despertaralser.net

Powell, Suzanne (5 de enero de 2021). *Suzanne Powell.* Escritora e Instructora Zen

https://suzannepowell.blogspot.com/

Curso Espirita (5 de Enero de 2021). *Curso Espirita.* Biografía Francisco Cándido Xavier

https://cursoespirita.com/francisco-candido-xavier-biografÍa/

Papa, Yamila (16 de enero de 2021). *La mente es maravillosa.* La Kabbalah, una ciencia espiritual para comprender la vida.

https://lamenteesmaravillosa.com/la-kabbalah-una-ciencia-espiri-tual-para-comprender-la-vida/

Wikipedia (11 de enero de 2021). *Wikipedia.* Bibliografía de Eckhart Tolle

https://es.wikipedia.org/wiki/Eckhart_Tolle Recopilada a (2021, 11 de enero 10:52:38)

AGRADECIMIENTOS

Son muchas las personas a las que tengo que agradecer:

Primero que todo debo darle gracias a mis padres, allá donde se encuentren. A mis hermanos y al resto de mi familia, por ser quienes son. Yo los escogí para venir a cumplir mi misión, sin ellos nada de esto hubiera sido posible.

A Claudia Patricia, muchas gracias por tantas horas de trabajo, por esa sonrisa que mostrabas cuando te decía "yo era la pareja perfecta para cualquier mujer". Desde mi estado de inconsciencia, no reconocía todo el trabajo que tenía pendiente por hacer.

Desde que inicie este proceso, he venido caminando con un grupo de personas a las que llamo mi tribu:

A Ana María, creo que hemos cumplido nuestro acuerdo de almas, gracias por tanto conocimiento y por ser mi línea directa con los de arriba. A Alejandra por ser mi espejo en muchas cosas y por tantas perlas de sabiduría. Connie, por esos mensajes de los ángeles. A Mónica por tu fuerte energía y por tus lecturas de las situaciones desde tu conocimiento. A Ana María en Alemania, por tu fuerza. A mi gran amigo Kike, por tantas locuras. A Ana María y a su madre Leonor, por compartir su conocimiento, por todas esas muestras de afecto y por ese lugar que siempre me han brindado en su hogar. A Karina, por ser la loca que eres y por tus correcciones ortográficas.

A Claudia Marcela, gratitud infinita, por haber cumplido nuestro acuerdo de almas. Con el trabajo que realicé contigo pude avanzar en mi proceso de pareja; abrir el corazón y quitar el blindaje no fue tarea fácil. Desde mi ser siempre tendrás un lugar en mi corazón.

A todos mis maestros de yoga Bhakty, Madanna, Lakshmi, Nandarani, Carolina, Harijana y Savitri, gracias por sus enseñanzas y compartir su energía en cada práctica. Yonari, sin ti este libro no existiría, me demoré un poco, pero nunca es tarde, todo es en el momento indicado. A mi querida Roció y a todas las personas que han caminado a mi lado en algún momento de mi vida, infinitas gracias.

SOBRE EL AUTOR

ÓSCAR I SUÁREZ H, creador de la Pedagogía oiSuhi, es una persona normal, emprendedora, con un título en Ingeniería Mecánica y en logística. Ha realizado formaciones en programación neurolingüística, yoga y mayéutik coaching, esta última en Barcelona, España.

Debido a un proceso de saturación por sufrimiento, en el año 2012 empezó una búsqueda de información que cambiaría su vida. Esta búsqueda lo llevaría a conocer la Escuela de Magia de Amor, que canalizó y entregó a la humanidad, el colombiano Gerardo Schmedling Torres.

La pedagogía oiSuhi, es una metodología utilizada para ayudar a las personas en su proceso de despertar, es un crisol de información de Escuela de Magia del Amor, de mentoría de vida, de mayéutik coaching y de terapias de tejido conscientes, de las cuales el autor es su promotor.

Vive actualmente en Cali, Colombia. Está dispuesto a compartir su información con cualquier persona que se la solicite, trata siempre responder. Su correo electrónico es pedagogiaOiSuhi@gmail.com